シリーズ「遺跡を学ぶ」036

# 中国山地の縄文文化

## 帝釈峡遺跡群

河瀬正利

新泉社

# 中国山地の縄文文化
## ―帝釈峡遺跡群―

河瀬正利

【目次】

# 第1章　石灰岩地帯の一大洞穴遺跡群

## 1　帝釈峡遺跡群の発見と調査

### 天下の名勝帝釈峡

広島県東北部の比婆《ひば》郡と神石《じんせき》郡（現・庄原《しょうばら》市および神石《じんせき》郡神石高原《じんせきこうげん》町）にまたがって、帝釈《たいしゃく》峡《きょう》とよばれる国指定の名勝地がある（図1・2・3）。わが国でも有数の石灰岩地帯のひとつで、石灰岩が川の流れで削られてできた峡谷や鍾乳洞など、さまざまな自然のオブジェをみることができ、国定公園にも指定されている。

大正年間以降、動物学・植物学・地質学などの自然科学の分野では、学術的な調査研究が進められてきた。しかし、歴史学をはじめ考古学・民俗学などの人文科学の分野の調査研究は、標高四〇〇～六〇〇メートルの山深い山間地域に所在するという地形的な制約や、居住人口の少なさなどからか、著しく遅れたまま残されていた。

図 1 ● 帝釈峡の位置

図 2 ● 帝釈集落の遠景
集落奥の山間に峡谷がひろがっている。

## 馬渡遺跡の発見

ところが一九六一年に比婆郡東城《とうじょう》町帝釈未渡《みど》（現・庄原市東城町）の馬渡《まわたり》地域でおこなわれた林道工事の際に、縄文土器・石器とともに貝類が発見され、縄文時代の遺跡があることがはじめて明らかにされたのである。

帝釈馬渡岩陰《いわかげ》遺跡（図4）の発見と調査を機に、帝釈峡地域において石器時代の岩陰・洞穴遺跡がつぎつぎと確認され、現在では石灰岩地帯とその周辺で五十余カ所の遺跡が確認されており、西日本でも有数の石器時代遺跡が集中分布する地域となっている。

中国山地では、帝釈峡遺跡群の発見以前には、縄文後期以降の断片的な資料しか知られていなかったが、調査が進行するにつれて、土器・石器のほか人骨・動

**図3 ● 国天然記念物「雄橋（おんばし）」**
名勝帝釈川の谷（帝釈峡）を代表する石灰岩の天然橋。

物骨・貝類・植物遺存体などの遺物も多数出土することがわかり、考古学のみならず人類学・動物学・古生物学などの研究フィールドとしてきわめて良好な条件をもっていることが明らかになってきたのである。

翌年六二年には、早くも第一次の調査がおこなわれている。広島大学の松崎寿和を団長に広島大学の潮見浩や本村豪章、広島県内の小・中学・高校の教員、さらに考古学分野では近藤義郎（岡山大）、岡本明朗（岡山大）、間壁忠彦（倉敷考古館）、人類学分野からは金関丈夫（山口医科大、現・山口大）、吉岡郁夫（名古屋大）、民俗・考古学分野では国分直一（下関水産大）、木下忠（広島県教育委員会）、古生物学からは稲葉明彦（広島大）、地質学からは今村外治（広島大）

図４●最初に発見された馬渡遺跡
幅約 10ｍ の岩陰に文化層が残されていた。

など各分野の研究者が加わって調査が実施された。

調査の結果は、予想どおり縄文時代早期から前期にかけての多数の土器・石器・動物骨・貝類などが出土した。縄文早期の遺物を含む第三層の下の第四層からは有茎尖頭器《ゆうけいせんとうき》・石鏃《せきぞく》・無文《むもん》土器が出土し、さらにその下には更新世（先土器時代、旧石器時代）に相当する第五層が存在することを確認している。

## 大規模な学際的共同調査

この第一次調査の結果、松崎は、広島県内の研究者、小・中学・高校の教員ばかりでなく、関連分野の専門家に協力を受けるべく、かつて文部省で教科書編集に共同で携わったことのある、古くからの友人であった明治大学の杉原荘介に相談し、調査への協力を依頼した。その結果、考古学のほか人類学・古生物学・地質学・歴史学などの関連分野を包括した総合的研究を目指した帝釈峡遺跡群発掘調査団を組織し、調査研究を推進することになったのである。

メンバーには、考古学分野の松崎寿和（団長・広島大）、杉原荘介（副団長・明治大）、潮見浩（広島大）、大塚初重（明治大）、戸沢充則（明治大）をはじめ人類学分野の金関丈夫（山口医大）、永井昌文（九州大）、鈴木尚（東京大）、古生物学分野の高井冬二（東京大）、稲葉明彦（広島大）、地質学の今村外治（広島大）、地理学分野の貝塚爽平（東京都立大）、小野忠煕（山口大）などが加わり、一九六三年から本格的な調査に着手することになった。

八月からの本格的な発掘調査に備えるため、六月には地元の小田格一郎（帝釈中学校長）、

図５ ● **寄倉遺跡の調査**
帝釈峡でも最大の岩壁の下で始まった本格的調査。大学の研究者・学生とともに、地元の教員、高校生が参加した。

広瀬繁登（帝釈小学校長）、難波宗朋（東城高校）を案内役に、広島大学と明治大学および地元の教育委員会のメンバーによって分布調査が実施された。たちまちのうちに、帝釈寄倉《よせくら》岩陰遺跡、帝釈観音堂《かんのんどう》洞窟遺跡、帝釈名越《なごえ》岩陰遺跡など帝釈峡遺跡群のなかでも主要な遺跡がつぎつぎと発見された（図5・6）。

その結果にもとづいて、調査団は先に発見されていた馬渡遺跡と新発見の寄倉遺跡、観音堂遺跡を調査対象に選び大規模発掘を開始したのである。

## 広島大学と地域社会の協力

馬渡・寄倉・観音堂遺跡を対象とした大規模な調査は、一九六三年から一九六六年まで実施されたが、その後一九七六年までは発掘調査団による調査、そして一九七七年からは現地帝釈峡に設置された広島大学文学部帝釈峡遺跡群発掘調査室を本拠に、他大学の研究者・学生の参加を得て、調査研究が継続実施されており、その成果はわが国の石器時代の考古学・古生物学・人類学などの分野の研究推進に大きく貢献してきている。

この調査室の設置までは、遺跡近くの学校や公民館・地域の集会所あるいは個人の家などに泊めてもらい合宿しながらの調査であった。ときには地域の祭りに参加したり、火災発生のときにはバケツリレーで消火にあたったり、地元の方々からは食事や飲み物の差し入れを受けるなど地域と密着した調査であった。また調査の状況は、「いわかげ」というガリ版刷りの調査ニュースで地元住民の方へ周知することもおこなっていた。言い換えると大学と地域社会の連

図６ ● **帝釈峡遺跡群の位置図**
寄倉遺跡を中心とした上帝釈地域と、観音堂遺跡を中心とした
下帝釈地域にまとまりがある。

携による遺跡群調査の大きな実験場であったといえよう。

　こうしたなかでの調査室の設置は、研究者・学生全員がいっしょに調査・整理作業や宿泊・食事ができるようになり、調査研究を推進していくのにきわめて有効となった。しかし一方では地域から遊離した研究者・学生のための調査となりがちで、調査開始時の大きな目的であった地域との連携、研究成果の地域への公開・還元といった点で大きな問題が生じてきたのである。遺跡群の調査研究は、大学と地方自治体、地域住民の協力なくしては遂行できないことは言うまでもない。大学と地域との連携のあり方について、いまほど真剣に考えていかねばならない時はないであろう。

## 2　洞穴と岩陰

### 「日本のレ・ゼジーだ」

　ところで石灰岩地帯は地質学的に洞穴や岩陰が形成されやすい特徴をもっており、古くから人びとが生活の場所として選んできた。北京原人の発見で著名な中国の周口店《しゅうこうてん》洞窟遺跡をはじめ、西アジアのイランのベルト・ホトウ洞窟遺跡、イスラエルのアムッド洞穴遺跡などがあり、わが国でも上黒岩《かみくろいわ》岩陰遺跡・穴神《あながみ》洞窟遺跡（愛媛県）、不動《ふどう》ヶ岩屋《いわや》洞窟遺跡・奥谷南《おくたにみなみ》岩陰遺跡（高知県）など石灰岩地帯に位置するものが多い。ちなみに調査期間中に帝釈峡を訪れたカナダ・トロント大学のスミス博士は、帝釈峡をフランスの旧石器研究の〝聖地〟を例に、「ここは日本のレ・ゼジーだ」と称したことがある。

そこでは水によってしみだしてきた石灰分が人骨や動植物遺存体をおおい、腐食を防ぐ役割をはたすことから遺存は良好で、しかも長期にわたる整然と堆積した包含層が確認でき、層序をもとにした遺物の編年ができるといった特徴をもっている（図7）。帝釈石灰岩地帯にみられる洞穴や岩陰は、河川水位の低下と安定のくり返しによって形成されたものであり、前面に平坦面があり、川床からの比高が高く、厚い堆積層がみられるようなところは、人びとが生活の場として利用している場合が多い。

## 遺跡立地の二類型

帝釈石灰岩地域では、図8のように、更新世（洪積世《こうせきせい》）中期に形成されたA面、B面と、後期に形成されたC面、D面および完新世《かんしんせい》（沖《ちゅう》積世《せきせい》）に形成されたE面の五つの段丘面に岩陰

図７ ● 名越遺跡の堆積層断面
縄文早期からの文化層が整然と堆積していた。

や洞穴が立地している。現在までに確認された遺跡群のうち、帝釈猿穴《さるあな》岩陰遺跡や帝釈猿神《さるがみ》岩陰遺跡、帝釈大風呂《おおぶろ》洞窟遺跡などはB面に対応し、ほかの多くの遺跡はC・D面に対応している。現在の川床からの比高が高く、岩陰や洞穴ひさし部の堆積層が厚く、広い平坦部をもっている遺跡は、人びとの生活痕跡が古くまでさかのぼるものが多いといえる。また、各遺跡をみると峡谷ぞいの場所に位置しているものと、峡谷でも視界がややひろまった場所に位置しているものがある。

前者の遺跡には帝釈馬渡岩陰遺跡や帝釈名越岩陰遺跡などがあり、後者の遺跡には帝釈寄倉岩陰遺跡、帝釈観音堂洞窟遺跡、豊松堂面《とよまつどうめん》洞窟遺跡、帝釈弘法滝《こうぼうだき》洞窟遺跡などがある。前者の遺跡の立地状況が「峡谷型」遺跡とすれば、後者の遺跡は「巾着《きんちゃく》型」遺跡とよぶことができる。巾着型の遺跡は、川の下刻作用によって形成された沖積低地（河谷盆地形）に立地するものが多いが、このような場所は、川と川との合流地点に位置し、魚類が集まりやすく、川の流れもゆるやかで、湿地状あるいは淵状になっているところが多い。淡水性のカワニナ・カワシンジュガイ・マシジミなども多く生息している。また、アユの産卵場としても川の合流地点が最良であるとされることもこのことを裏付けている。シカやイノシシなどの動物の水のみ場、回遊路の交差点でもあり、狩がしやすい場所でもあったのである。

## 帝釈峡遺跡群の分布

帝釈峡遺跡群の遺跡の数は、現在までの分布調査によると、大部分の五一カ所が洞穴遺跡、平地に残された開地遺跡はわずかに四カ所で、計五五カ所にのぼる。遺跡は庄原市東城町（旧比婆郡）や神石高原町、油木《ゆき》町、豊松村（いずれも旧神石郡）、三次《みよし》市総領《そうりょう》町、上下《じょうげ》町（いずれも旧双三《ふたみ》郡）におよんでいる。このうち発掘調査が終了もしくは継続中の遺跡は一三カ所を数える。

各遺跡の遺構・遺物は、中世・近世の遺構・遺物から先土器時代後半の遺物まで長期におよんでいるが、中心となる時代は縄文時代の遺構・遺物である。遺跡がいままで開発のおよばなかった山間地域の洞穴の入り口のひさしの下に位置していたことから、遺跡の包含層は下層から上層まで順序良く堆積した状態で遺存しており、人工遺物のみならず人骨や動物骨・貝類などの自然遺物の保存状況が良好である。したがって、こうした遺物の研究によって当時の人びとの生活や文化内容を復元し、地域の歴史の推移を解明していくための手がかりにすることができる。

帝釈峡遺跡群の各遺跡の内容や分布から推定する

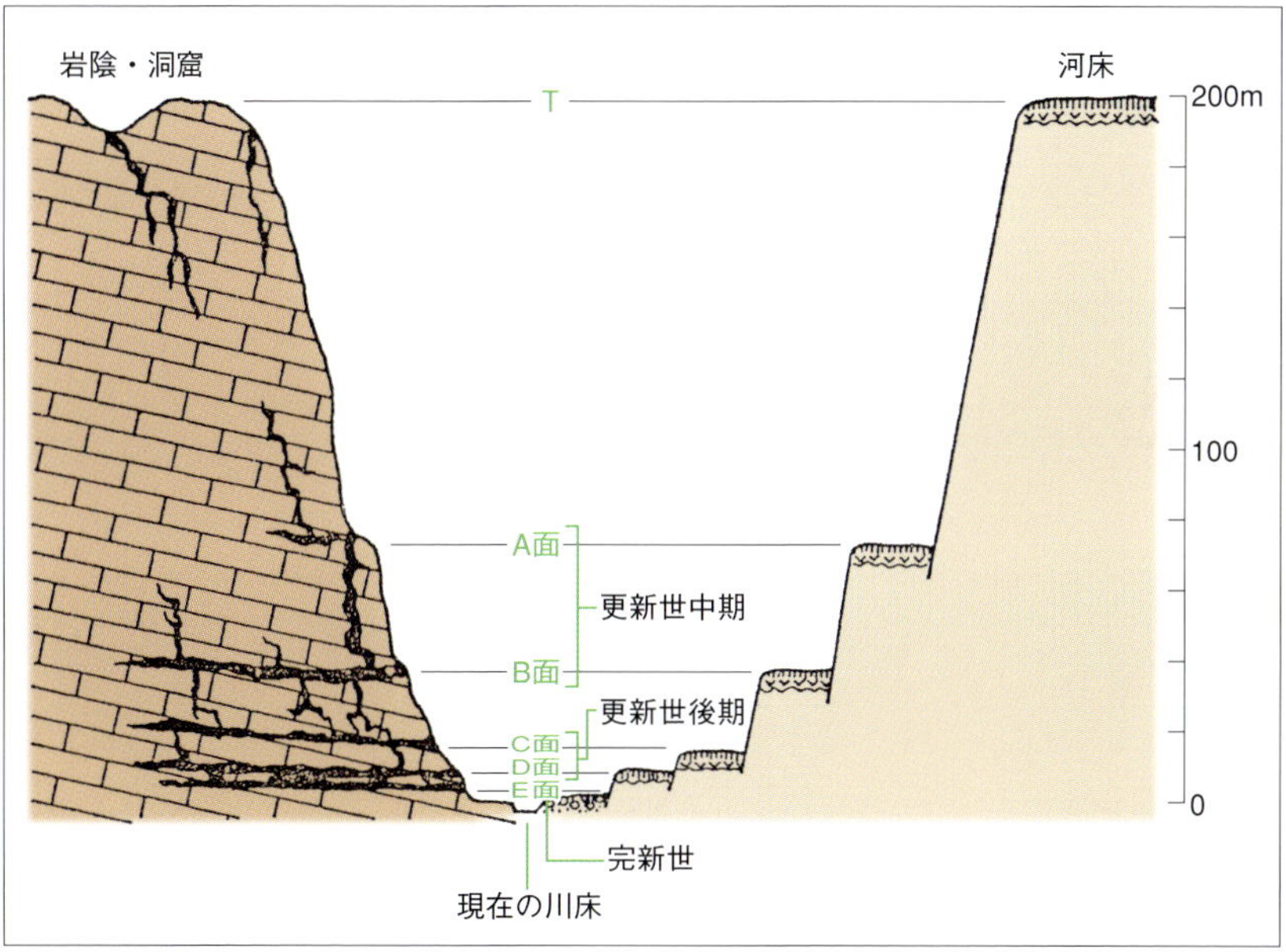


図８●帝釈石灰岩台地における鍾乳洞レベルと河岸段丘との比較模式図
川の下刻と安定によって段丘面ができ、そこに遺跡が形成された。

と、上帝釈地域に分布する遺跡と下帝釈地域に分布する遺跡とに分けることが可能である。このほか高梁川《たかはし》（成羽川《なりわ》）上流の東城川流域、帝釈川や東城川の周辺域などに分布する。いずれも帝釈石灰岩地帯の周縁部に位置しており、遺跡は散在している（図6参照）。

## 3 生活空間としての洞穴

### 住みやすい洞穴

さて、それぞれの遺跡は、洞穴の大きさや、遺物包含層のひろがり、出土遺物の種類・量などに大きな差が認められる。そして地域で中心となる遺跡と、それを支える遺跡とが存在する。帝釈石灰岩地帯には、多くの洞穴が形成されているが、こうした洞穴のひさしの下のすべてを石器時代の人びとが住居として利用したのではない。洞窟の奥から湧水のあるものは湿気が多く、生活に不適であるし、岩陰のひさしの形成が浅いものは雨露をしのぎにくく、居住には不適当である。また、洞穴ひさし下や岩陰前面の堆積層上面が、現在の川床面から高くないものも、集中豪雨などで川の水かさが増したときには水没して住むことができないのである。

人びとの生活に適した場所は、ある程度限定されていたといえる。川の下刻作用でできた沖積低地の出入り口部に位置し、川床からの高さが高く、洞穴の前面にある程度のひろがりをもった平坦部があり、一日の日照時間の長い南向き・西向きの場所が、居住条件としては絶好の場所であった。

図９ ● **名越遺跡の岩ひさしの下からみつかった柱穴と土坑**
ひさしに沿った柱穴と居住区域を二分するように奥へ続く柱穴がある。
食物の貯蔵用の穴もみつかっている。

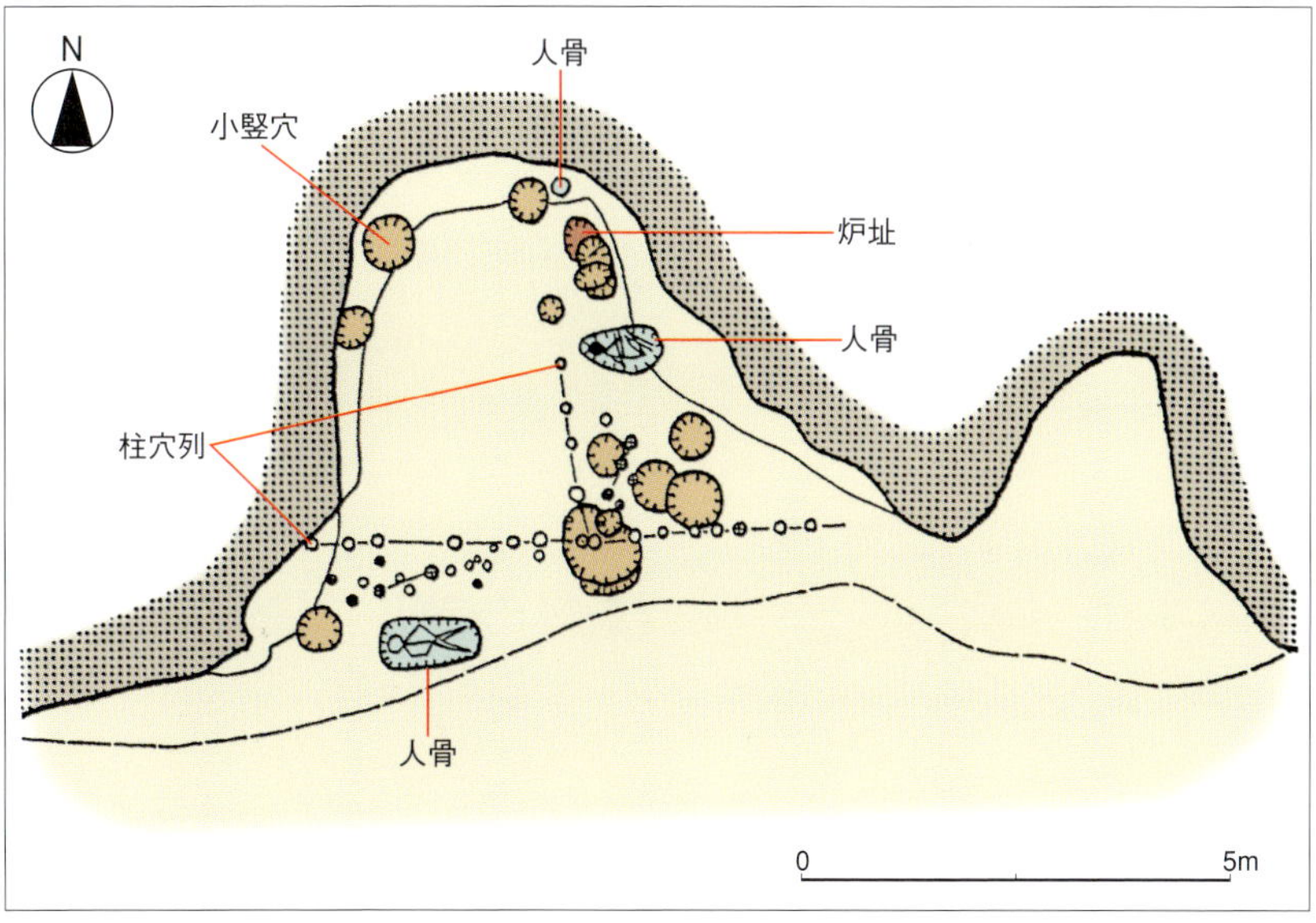


図 10 ● **同上遺構配置図**
柱穴・炉跡・土坑などや埋葬遺構がみつかっている。

## 洞穴のなかの居住空間

居住にかかわる遺構が検出された例では、帝釈名越岩陰遺跡・久代東山《くしろひがしやま》岩陰遺跡がある。名越遺跡では、縄文後期から晩期の包含層から柱穴列が検出されたもので、岩ひさしの下でひさし線に沿うような柱穴列と、岩陰内部を区画するような柱穴列が検出されている（図9）。岩陰前面に柱を立てかけ、カヤ・アシなどを葺いて住居としていたものと考えられる。

岩陰内を区切るような柱列は、内部を居住空間と生活空間、たとえば火を使ったり、食物の貯蔵穴群を設けたり、さらには埋葬場所を区切ったりする役目をはたしていたものと推定される。居住できる面積は、一五平方メートル前後である（図10・11）。

また久代東山遺跡（図12）では、縄文前期の住居内の中央奥の岩壁寄りに、祭祀に関連する立石（図13）があり、立石を中心に敷石・石

図11 ● 名越遺跡での岩陰住居の復元想定図
限られた空間を区切って有効利用していた。

図 12 ●**久代東山遺跡の近景**
川の浸食でできた岩陰の下に遺跡が形成されている。

図 13 ●**久代東山遺跡の住居内の立石**
住居内の岩壁寄りには立石があり、祈りの場であったようだ。

列・礫群・焼土面（炉跡）などが検出されている。縄文時代の岩陰住居が居住空間と精神的な祈りの場などで構成されていたことを示している。東山の生活空間は、約二五〜三〇平方メートルである。

**帝釈峡住民の集団規模**

さて、上帝釈地域で中心となる寄倉遺跡（図14）は、岩陰のひさし下に形成された遺物包含層のひろがりは約一〇〇平方メートルであるが、岩壁沿いにある墓地（埋葬）などの場を除くと、六〇〜七〇平方メートルのひろがりである。

また下帝釈地域を代表する観音堂遺跡の洞穴入り口部の遺物包含層は、約四〇平方メートルのひろがりがある。

**図 14 ● 寄倉遺跡遠景**
西面した大岩壁の下に住居が営まれていた。

観音堂についで規模の大きい弘法滝遺跡の遺物包含層で約三〇平方メートルのひろがりがあり、さらに帝釈周辺地域の成羽川（高梁川）支流の天田川《てんだ》流域の中心的な遺跡である豊松堂面遺跡では、包含層のひろがりは三〇～四〇平方メートルである。

これらの遺跡の遺物包含層のひろがりと、一般的な縄文時代の竪穴住居の面積（約二〇平方メートル）を比較してみると、観音堂・堂面・弘法滝などでほぼ二軒程度、もっとも大きい寄倉で三軒程度となる。一方、仮泊的な遺跡の場合の遺物包含層のひろがりは、二〇平方メートル前後のひろがりしかなく、竪穴住居のせいぜい一軒分となる。これはあくまでも遺物包含層のひろがりの最大値をとったもので、時期別のひろがりや遺物の出土量などを勘案すると、実際の面積はこれ以下となる。したがって、中心的な遺跡における居住可能人数を推定すると、一〇～一五人程度であり、仮泊的な遺跡で最大五人程度となる。

こうした想定に大きな誤りがないとすると、上帝釈地域では寄倉を中心に馬渡・名越・猿穴などで構成される集団、また下帝釈地域では、観音堂を中心に弘法滝・大風呂・穴神などで構成される集団が存在し、天田川流域でも堂面を中心にひとつのまとまりをもった集団が存在したといえそうである。上帝釈地域、下帝釈地域でそれぞれ一時期に多く見積もって三〇～四〇人程度の集団が生活し、周辺部の集団を合わせて帝釈峡地域では一時期に最大限で一〇〇人程度の人びとが生活していたものと推定できる。

# 第2章　帝釈縄文人の生業

## 1　先土器時代の動物群

帝釈観音堂洞窟遺跡は下帝釈地域の岩屋谷川《いわやだに》の左岸に位置し、付近の標高は約四二〇メートルである。遺跡前面には岩屋谷川の蛇行による沖積低地がひろがっており、この沖積低地の出入り口にあたるところに遺跡が位置している（図15）。発見当初の遺跡の規模は幅一二メートル・奥行き九メートル前後で、岩屋谷川の川床から洞穴前面の堆積層の上面までは約一五メートルの高さがあり、良好な包含層の存在が想定された。

包含層は堆積層上面の表土層から存在し、弥生時代から縄文時代全般にわたり、さらには先土器時代に相当する第二六層まで続き、その厚さは一〇メートル以上におよんでいる。

ここでは縄文時代以前の第二三層以下の先土器時代の堆積層から出た動物遺存体をみておきたい。出土量は多く、保存状態も良好である。哺乳動物にはニホンジカ・タヌキ・アナグマ・

図 15 ● **観音堂遺跡近景**（1991 年調査時）

- **食虫目**
  - トガリネズミ科
    - トガリネズミ
    - ジネズミ
    - カワネズミ
  - ※ニホンモグラジネズミ
- **モグラ科**
    - ヒメヒミズ
    - ヒミズ
    - アズマモグラ
    - モグラ属（種不明）
- **翼手目**
  - キクガシラコウモリ科
    - キクガシラコウモリ
  - ヒナコウモリ科
    - ホオヒゲコウモリ属（種不明）
  - ？ユビナガコウモリ
    - テングコウモリ
    - コテングコウモリ
- **霊長目**
  - オナガザル科
    - ニホンザル

- **兎目**
  - ウサギ科
    - ノウサギ
- **げっ歯目**
  - リス科
    - モモンガ
    - ムササビ
  - ハタネズミ科
    - スミスネズミに近似の種類
    - ハタネズミ
    - ハタネズミ属（種不明）
  - ※タイリクハタネズミ
  - ネズミ科
    - アカネズミ
    - ヒメネズミ
  - ヤマネ科
    - ヤマネ

- **食肉目**
  - クマ科
  - ※ヒグマ属（種不明）
  - イヌ科
    - イヌ属（種不明）
    - タヌキ
    - キツネ
  - イタチ科
    - テン属（種不明）
    - イタチ
    - アナグマ
  - ネコ科
  - ※ヒョウに近似の種類
- **長鼻目**
  - ゾウ科
  - ※ゾウか（種不明）
- **偶蹄目**
  - イノシシ科
    - イノシシ
  - シカ科
  - ※ニホンムカシジカ
    - ニホンムカシジカあるいはニホンジカ

**図 16 ● 観音堂遺跡の先土器時代出土の哺乳動物一覧**（※は絶滅動物）
小形から中・大形まであらゆる動物を食料の対象としていた。

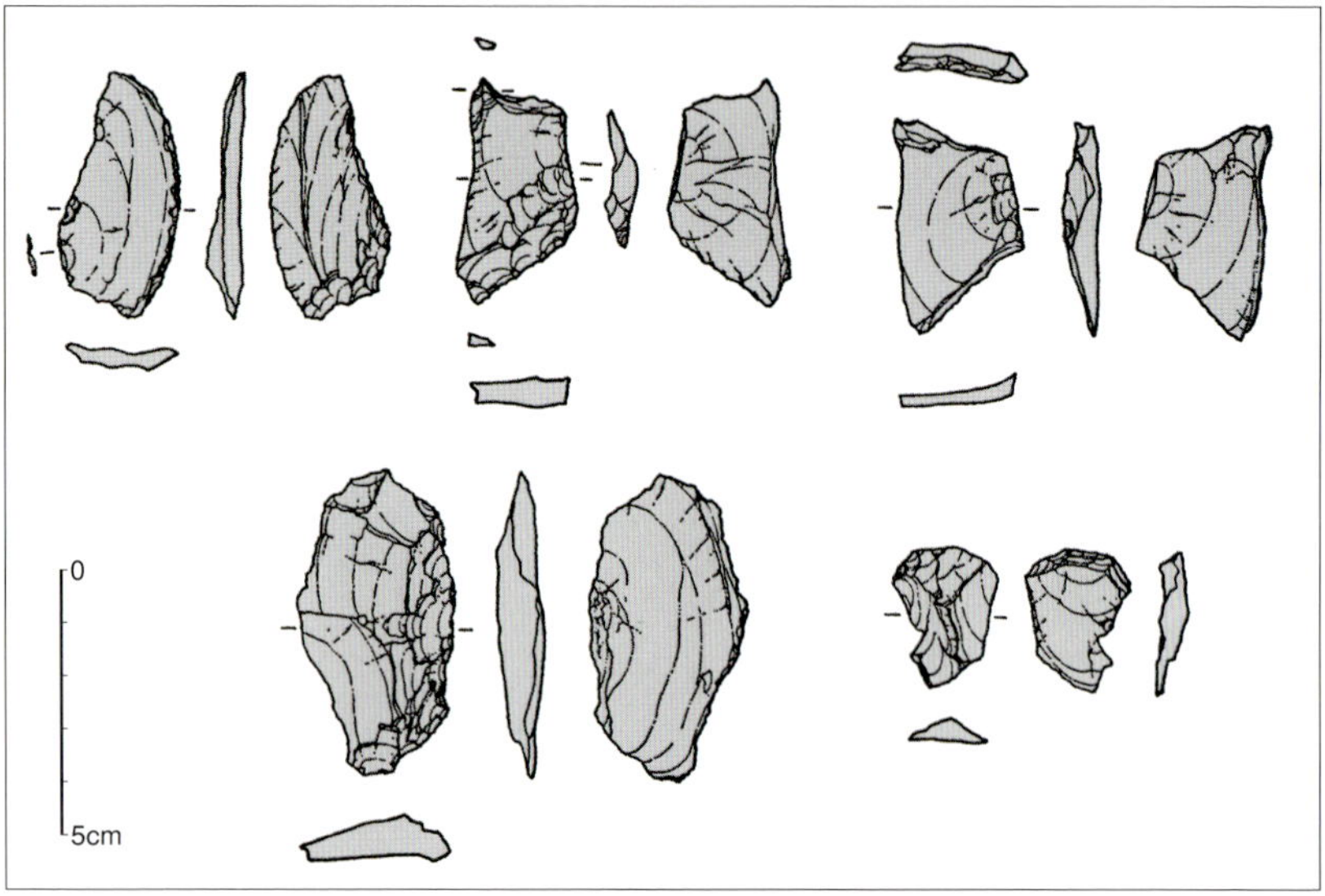


**図 17 ● 馬渡遺跡第 5 層出土の石器・剥片**
削器や錐のほか、尖頭器製作時の剥片などが出土した。

ノウサギ・ヤマドリが目立っており、山地帯や森林に棲む動物種が多いが、絶滅種のゾウ（ナウマンゾウか）・ニホンムカシジカ・ヒョウ・ニホンモグラジネズミ・タイリクハタネズミなどの哺乳動物の存在が確認されている（図16）。馬渡遺跡の先土器時代の第五層からオオツノジカが発見されていることと関連して考えると、ナウマンゾウ・オオツノジカが共存することや中国大陸のオオツノジカ類と日本産出のオオツノジカ類がほぼ同緯度に分布することから、これらの動物群は北方系動物とは考えられず、温帯系の動物と考えることが妥当である。

またオオツノジカが岩手県・花泉《はないずみ》洞や岐阜県・熊石《くまいし》洞で北方系のヘラジカと混在し、また、東京都内でも北方系のセイウチと共存していることなどから、北方系動物群の南下とともにナウマンゾウやオオツノジカなどの温帯系動物群の絶滅を意味しているとされる。ただこうした動物群を獲物にしたと思われる先土器時代人の確かな存在を示す証拠は、馬渡遺跡の第五層から石器剝片が出土している（図17）のみで、明瞭な石器は残念ながらまだ発見されていない。

## 2　縄文時代の豊富な動物

### 哺乳類

観音堂遺跡の縄文時代の包含層からは、人工遺物とともに多量の動物遺存体が出土している。哺乳動物では五〇種にもおよぶ種類が出土している。また層別の推定最少個体数で出土量の多いものからあげると、ニホンジカ・イノシシ・タヌキ・アナグマ・ニホンザル・カモシカ・

テン・イヌ・キツネ・オオカミ・ツキノワグマ・カワウソ・オオヤマネコ・イタチなどである。大きくは瀬戸内海や日本海沿海部の縄文遺跡に共通し、シカ・イノシシを対象とした狩猟が中心であることを示す（図18）。

哺乳動物のなかの食肉目のツキノワグマ・アナグマ・オコジョ・イタチ・イヌ・キツネなどは、現在の本州に分布する現生種で、オオカミとカワウソは近年、本州からは絶滅した種である。オオカミは数は少ないが縄文晩期まで捕獲されている。オオヤマネコも帝釈峡地域には生息していない動物で、縄文早期・前期の層のみから出土している。ヒョウぐらいの大きさがあったとみられ、縄文前期には愛媛県の上黒岩岩陰遺跡でも出土例がある。ツキノワグマは現在でも中国山地の一部で生息しているが、縄文早期を中心に捕獲されている。

偶蹄目《ぐうていもく》の遺体にはイノシシ・シカ属・カモシカがある。シカは先土器時代から縄文時代にわたって出土量が多い。イノシシについては先土器時代の層ではきわめて少ないが、縄文時代の層になると急増し、縄文時代の主要な狩猟対象動物となっている。カモシカは現在帝釈峡地域には生息していないが、縄文時代全般にわたって捕獲されている。沿海部にはみられない動物のツキノワグマ・カモシカなども縄文時代全般にわたって捕獲されており、山地型の狩猟の特徴を示している。

また、イヌは狩猟の対象としてではなく、家犬として縄文人の狩猟の補助的な役割を担っていたと推定される。愛媛県の上黒岩岩陰遺跡では縄文早期人の埋葬とともにイヌが埋葬されていた。縄文時代はじめから家犬として飼育されていたことを物語っている。

小形哺乳動物のげっ歯目では、ニホンリス・ムササビ・ニホンモモンガ・スミスネズミに近似する種類、ハタネズミ・アカネズミ・ヒメネズミ・ヤマネが現生種に近い。そのなかでもっとも多いのはアカネズミで、先土器時代から縄文時代のいずれの層からも出土し、推定個体数で約四〇パーセントを占めている。ついでムササビ・ハタネズミ・ヒメネズミと続いている。兎目のノウサギも縄文時代のすべての層から出土している。小形動物でも比較的大形のムササビ・ノウサギが各層を通じてみつかっており、個体数量は大形・中形動物と同じである。

食虫目《しょくちゅうもく》ではシントウトガリネズミ・ニホンジネズミ・カワネズミ・ヒメヒミズ・ヒミズ・ミズラモグラが現在本州に生息する現生種で、ニホンモグラジネズミは絶滅種である。このうちニホンモグラジネズミ・シントウトガリネズミ・ヒメヒミズ・ミズラモグラは先土器時代の

| 時代 | 弥生後期以降 | 縄文晩期後半〜弥生前期 | 縄文後期後半〜縄文晩期 | 縄文後期前半 | 縄文中期 | 縄文前期後半 | 縄文前期前半 | 縄文早期後葉 | 縄文早期前葉〜中葉 | 縄文草創期 | | | |
|---|---|---|---|---|---|---|---|---|---|---|---|---|---|
| 層準 | A | B | C | D | E | F | G | H | I | J | K | L | 合計 |
| ニホンザル | — | — | 1 | 1 | 3 | 2 | 2 | 1 | 2 | 1 | 1 | — | 14 |
| オオカミ | — | — | 1 | — | 1 | — | — | 1 | 1 | — | — | — | 4 |
| イヌ | 1 | 1 | 1 | — | — | — | 1 | 2 | 1 | — | — | — | 7 |
| タヌキ | 1 | 1 | 19 | 2 | 3 | 5 | 10 | 8 | 12 | 5 | 1 | 1 | 68 |
| キツネ | — | 1 | 1 | 1 | 1 | 1 | 1 | 1 | — | — | — | — | 7 |
| ツキノワグマ | — | — | 1 | — | — | — | — | — | 1 | 1 | 1 | — | 4 |
| テン | — | 1 | 1 | — | 1 | 1 | 2 | 1 | 4 | 1 | — | — | 12 |
| イタチ | — | — | — | 1 | — | — | — | — | — | — | — | — | 1 |
| オコジョ | — | — | — | 1 | — | — | — | — | 1 | — | — | — | 2 |
| アナグマ | 1 | 1 | 5 | 2 | 2 | 1 | 4 | 2 | 3 | 4 | 1 | 1 | 27 |
| カワウソ | — | — | — | — | — | 1 | 2 | — | — | — | — | — | 3 |
| オオヤマネコ | — | — | — | — | — | — | 1 | — | 1 | — | — | — | 2 |
| イノシシ | 1 | 2 | 13 | 6 | 8 | 8 | 25 | 14 | 13 | 5 | 2 | 1 | 98 |
| ニホンジカ | 2 | 4 | 31 | 5 | 9 | 5 | 21 | 11 | 11 | 4 | 3 | 2 | 108 |
| カモシカ | — | — | 2 | 1 | 1 | 1 | 1 | 2 | 1 | 1 | 1 | 1 | 12 |

**図18 ● 観音堂遺跡の縄文時代層出土の哺乳動物最少個体数**
シカ、イノシシを中心とした狩をおこなっていたことがわかる。

層のみからの出土である。翼手目《よくしゅもく》では、コキクガシラコウモリ・キクガシラコウモリ・ユビナガコウモリ・テングコウモリ・コテングコウモリなどがみられる。本州に分布する現生種である。ただし、こうしたネズミやモグラ・コウモリなどがすべて縄文人の食料になったのかどうかは検討しなければならないが、食料の対象となっていた可能性は高い。

こうした哺乳動物は、イヌを別にすると縄文時代の人びとの食料となったものである。食料になりそうな動物であればどんな種類でも、手当たりしだいに捕獲していたといえよう。

## 爬虫類・両生類

爬虫類ではヘビ亜目、両生類では、カメ目・カエル目・サンショウウオ目の骨が確認されている。層別の推定最少個体数をみると、ヒキガエルとアカガエル属のカエルが多く、なかでもヒキガエルは各層からまんべんなく出土している。カエル類の採取は容易であるが、ほかの地域の縄文遺跡からの出土はほとんど知られていない。オオサンショウウオが縄文早期以降の層から出土していることは、早期以降捕獲され食料とされていたことを裏付けている。

## 鳥類

ガンカモ目・ワシタカ目・キジ目・フクロウ目・スズメ目の五目二〇種が明らかになっている。個体数はキジ・ヤマドリが多く、なかでもキジは縄文時代の各層から出土している。弓矢を使用することにより鳥類の捕獲が可能になったのである。また、弘法滝遺跡では、スズメ目・フクロウ目・ワシタカ目・コウノトリ目・キジ目など五目八種が明らかになっている。

**貝類**

淡水産・海産・陸産のものがある。淡水産のカワシンジュガイ・カワニナ・マシジミは帝釈峡のいずれの遺跡でも出土するが、馬渡第四層出土のカワシンジュガイから、貝類の採取は縄文時代のはじめから始まっている。カワニナは遺物包含層のなかで貝層をなしている場合が多く、帝釈縄文人が好んで採取し食料としていたと推定されるが、個体数・肉量は多くないので、必要以上は採取していないことがわかる。

海産の貝は縄文早期の押型文《おしがたもん》土器出土層から出土するようになる。馬渡ではサルボウ・ハイガイ・マツバガイ・マガキガイ・テングニシなどを利用した貝輪《かいわ》・貝杯《かいはい》・有孔《ゆうこう》製品などが出土しており、ほかの遺跡でもハマグリ・アワビ・ツメタガイ・クチベニ・シドロ・タカラガイ・ツノガイ・イボキサゴ・トガリオリイレを利用した貝製品が出土している。出土の量はきわめて少ないので貝製品の素材として沿海部の遺跡から搬入されたものと考えるべきであろう。

また陸産の貝類は、イズモマイマイ・サンインマイマイをはじめとするマイマイ・キセルガイ科の各種が出土している。縄文人が食料としたのかどうか明らかでない。魚類については、弘法滝洞窟からサケ科（サクラマス？）・ウナギ・オイカワ・ヒガイ・カマツカ・ニゴイ・コイ科・ギギ・ナマズ・アユなどが出土している。現在の帝釈川に生息している魚種と同じである。

## 3　山地型の狩猟採集活動

### 整然と堆積した文化層

馬渡遺跡は帝釈川の支流の馬渡川の右岸に位置しており、堆積層上面は川床から約五メートルの高さにある（図19）。岩ひさし下の堆積層は幅約一〇メートルで、先土器時代終末から縄文時代前期にいたる五つの遺物包含層が確認されている（図20）。

第一層は地表面から〇・五～二メートル下にあり、灰・木炭片などを多量に含む有機土層で、カワニナも多量に含まれている。第二層は第一層との間に無遺物層をはさむことから上・中・下の三層に区分できる。縄文前期の遺物が含まれている。中央部に幅二メートル、厚さ一・二メートルの灰層が認められる。

第三層でも中央部に幅二メートル、厚さ五〇センチの灰層があり、その両端に無遺物層があることから上・下の二層に分けられ、縄文早期の押型文文化期の遺物を含んでいる。第四層は第三層との間に無遺物層をはさんだ厚さ四〇～六〇センチの層で、下部から縄文早期初頭（草創期）の遺物が出土している。最下層の第五層は厚さ五～一〇センチの粘質土層で、第四層との間に無遺物の砂層をはさんでいる。出土遺物から先土器時代終末期の文化層と推定される。

### 出土石器・土器

第一層出土の縄文土器は、縄文地の上の突帯に半截竹管《はんさいちっかん》による刺突をめぐらす前期末の田井《たい》

図 19 ● **馬渡遺跡の調査**
岩陰の下の幅 10 m の範囲に先土器時代から縄文前期の堆積層があった。

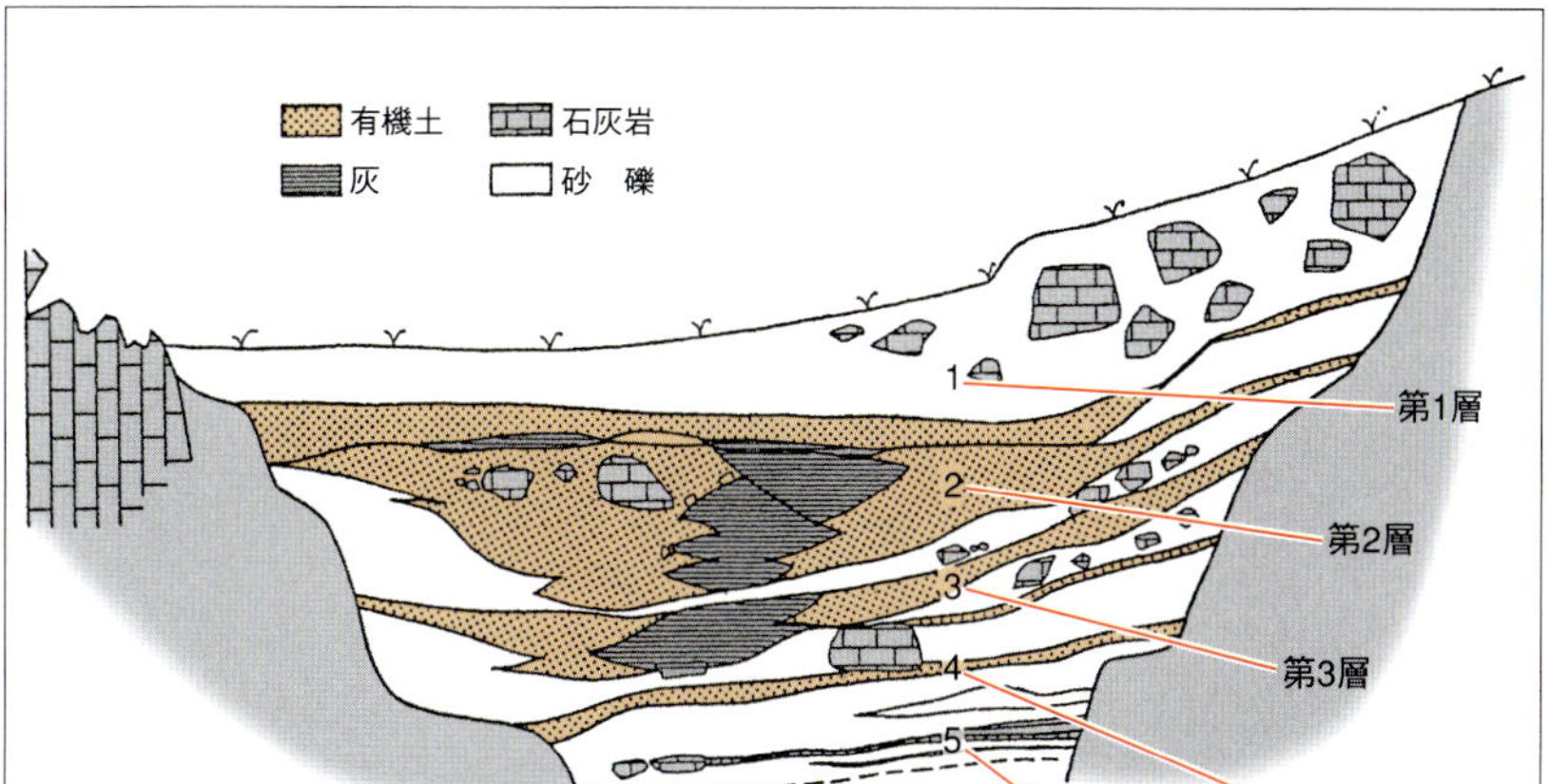


図 20 ● **馬渡遺跡の堆積層断面図**
堆積層の中央に灰層がみとめられ、継続して炉が設けられていたことがわかる。

式土器に類似するものがみられる。石器では石鏃・小形の石錘《せきすい》・横形の石匙《いしさじ》、サルボウ製貝輪などが出土している。ほかに食料としたカワニナも多量出土している。第二層の上・中層には前期前半の羽島下《はしまか》層《そう》式土器が含まれ、下層からは早期末から前期初頭の繊維土器が出土している。また、石器では石鏃・石錘・石匙・凹石《くぼみいし》・礫器《れっき》（打製石斧《だせいせきふ》？）・貝輪などが伴出している。貝製品はハマグリ・サルボウ・ハイガイなどの海産のものと、淡水産のカワシンジュガイを利用したものが認められる。

　第三層の上層からはやや大形の楕円押型文や口縁内部の平行沈線《へいこうちんせん》が太くて浅い押型文土器が出土し、下層からは楕円と山形の押型文土器が出土している。瀬戸内海沿岸の岡山県黄島《きじま》式土器に併行する縄文早期中ごろの土器である。瀬戸内海沿海の縄文早期遺跡ではほとんどの場合、黄島式土器に伴出するように無文厚手《むもんあつで》土器が認められるが、帝釈峡遺跡群では認められない。土器のほか石鏃・石匙などの石器お

**図 21 ●第 4 層出土の無文土器**
表面には煤が付着しており、煮炊きに用いられたものであろう。

よびカワシンジュガイが多く出土している。

第四層出土の土器は直径二〇センチ・高さ一六センチほどの平底《ひらぞこ》の鉢形《はちがた》土器で、表面には煤が付着している（図21）。食物を蓄えるための容器とみるより、煮炊き用として使用されたものであろう。土器とともに出土した石器は有茎尖頭器・石鏃などが含まれている（図22）。なお、馬渡第四層出土の貝類を試料とする放射性炭素による年代測定年代では、一二〇八〇±一〇〇ＢＰの年代値（約一万二〇〇〇年前）を示しており、先土器時代から縄文時代への移行期の状況を示している。

第四層とは砂層をはさんで存在する第五層からは石器片・剝片類が出土している。剝片剝離の技法から尖頭器製作にともなう剝片と推定される。

## 山地型の狩猟採集活動

馬渡遺跡からは土器・石器のほか動物遺存体も出土している。縄文早期初頭の第四層からは更新世の

図22 ● 第４層出土の尖頭器・石鏃
先土器時代の尖頭器と縄文時代の鏃の伴出から、移行期の状況を示す。

絶滅動物とされるオオツノジカの臼歯片や殻の長さが十数センチにおよぶカワシンジュガイがまとまって出土し、先土器時代の第五層からは焼けた動物骨とオオツノジカの上顎骨《じょうがくこつ》が出土している（図23）。

オオツノジカは更新世後期に生息したヤベオオツノジカといわれ、先土器時代終末には、ほとんどが絶滅してしまうとされる。日本列島では長野県野尻湖底《のじりこてい》や山口県秋吉洞《あきよし》、岐阜県熊石洞などから産出しているが、産出地層や伴出化石から、その年代はいずれも更新世後期に比定されている。馬渡第五層からの出土は当然としても、第四層から土器・石器などとともに出土したことは、オオツノジカが縄文早期初頭ごろまで生息しており、しかも、人びとが狩の対象としていたことをあらわすものとして貴重である。

オオツノジカは左右の掌状角《しょうじょうかく》の間隔が最大で三メートルにも達するものもあるといわれており、森林帯に生息することは困難であるとされる。このことから推定すると当時の中国山地帯の一部には、草原に近い植生を示すところが存在したと考えられる。

淡水産のカワシンジュガイの採取も第四層の時期からである。カワシンジュガイはもともと寒冷なところに生息する貝であり、氷河時代にも生息していた貝である。馬渡第五層の時期にも当然生息していたと考えられるが、第五層には含まれていない。それが第四層になってはじめて出土するようになり、しかも殻の長さが十数センチ以上におよぶ大形のものが多いことから、第四層の時期すなわち縄文早期初頭になってはじめて採取の対象になりはじめたと考えることができる。縄文時代になると魚介類の採取が盛んになることはよく知られているが、第四層出土のカワシンジュガイは、縄文人の最初の魚介類の利用を示すものである。

第四層出土の土器は表面に煤が付着しており、煮沸用としての土器の出現がカワシンジュガイの採取と食用化のはじまりと密接に関連することを示している。

馬渡第三層は包含層の両端に無遺物層をはさんでおり、上・下の二層に区分できるが、縄文早期中ごろの文化層である。土器・石器のほかシカ・イノシシなどの動物骨、カワシンジュガイ・カワニナなどの貝類が出土している。縄文早期における狩猟・漁撈・植物採取を中心とした生業活動が想定できる。

ところで、いまのところ帝釈峡遺跡群で植物性遺物が検出された例はほとんどなく、植物質食料の採取や利用法などについて明らかにすることができない。今後の調査研究の進展を待たねばならないが、他の地域の縄文遺跡検出の植物堅果《けんか》類の水さらし遺構や貯蔵穴群などから、山間地域において植物堅果類の採取活動が盛んにおこなわれていたと考えてまちがいない。名

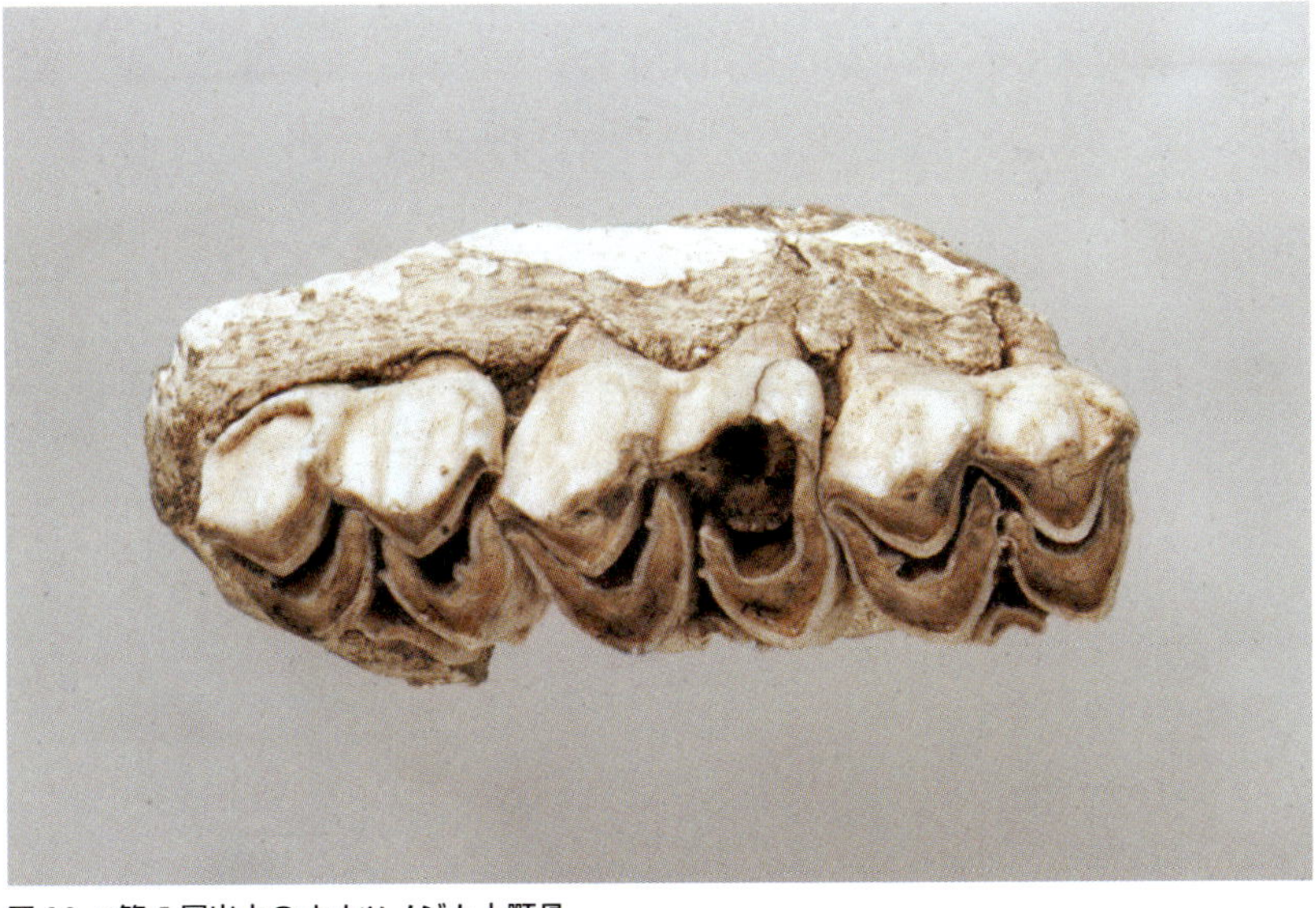

図 23 ● **第 5 層出土のオオツノジカ上顎骨**
更新世後期（先土器時代）に生息していた
ヤベオオツノジカの化石骨が出土した。

越遺跡の縄文後期の居住区域から検出された竪穴群は、あるいはこうした木の実類を貯蔵した施設であったのかもしれない。

以上のように、帝釈峡遺跡群の縄文時代の生業をみてきたが、ニホンジカ・イノシシなどの捕獲を中心としながらも、オオツノジカ・ツキノワグマ・カモシカなど中・大形の哺乳動物の狩猟、ムササビ・ノウサギなどの小形哺乳動物や、オオサンショウウオなどの両生類などの捕獲活動は、沿海部の縄文遺跡ではあまり例がない。山地型の狩猟採取活動の特徴を示しているとみてよいであろう。

## 4　動物相からみた環境の変化

### 先土器時代の動物相

帝釈峡遺跡群の主要な遺跡においては、先土器時代（更新世後期）から縄文時代（完新世はじめ）にかけての動物遺存体が良好に遺存しており、動物相の復元研究に貴重な資料を提供している。帝釈峡地域の動物相については、古生物学的な調査研究の進展によってその実態がしだいに明らかにされてきている。ここでは河村善也による動物遺存体の研究をもとに、先土器時代から縄文時代にかけての帝釈峡地域の環境についてまとめておきたい（図24）。

帝釈峡地域の先土器時代の動物相の特徴は、現在の本州に分布する現生種かそれにちかいものが多く含まれているが、縄文時代の動物群に比してイノシシの出現頻度が非常に低いことや

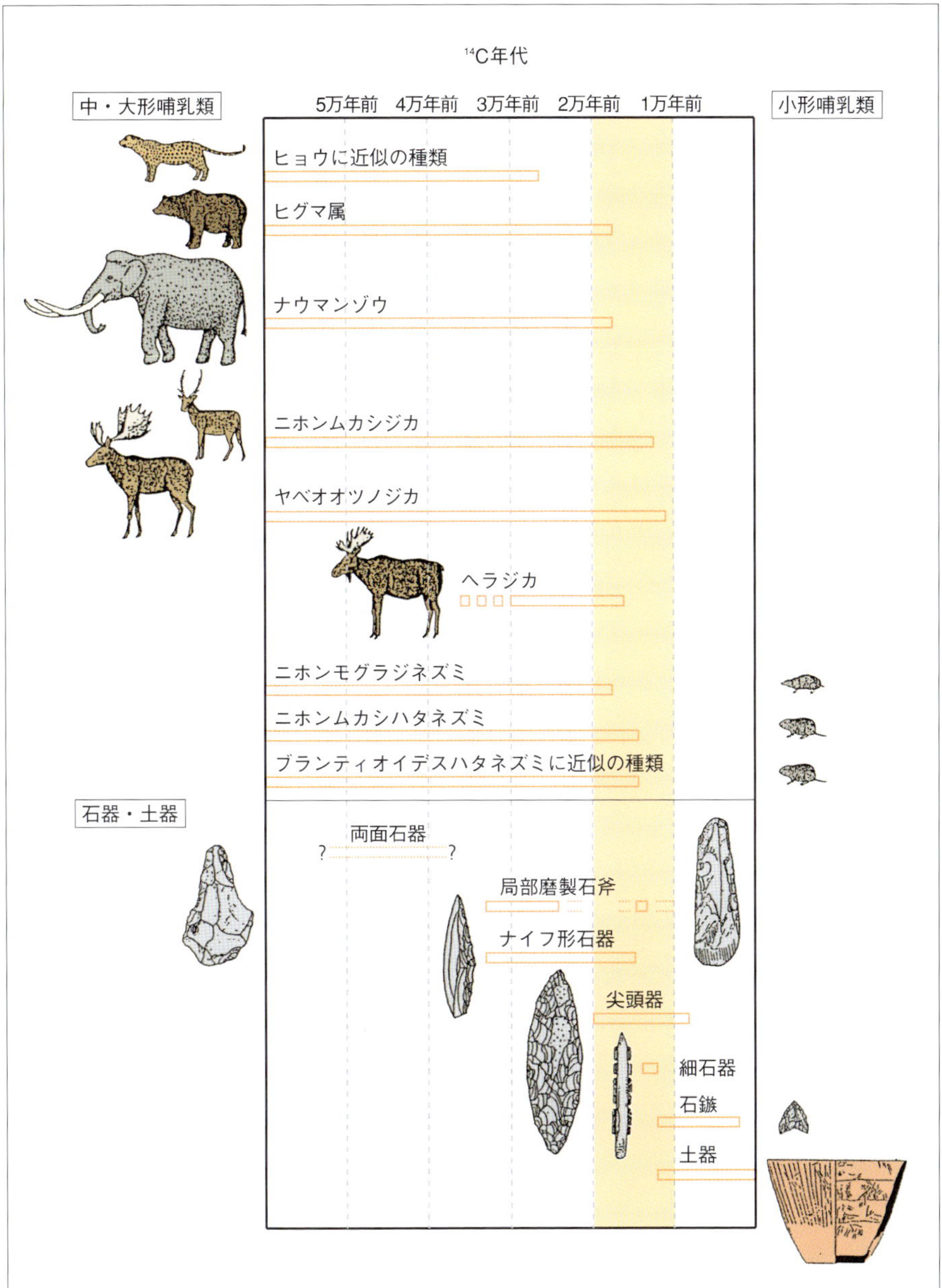


図 24 ●**帝釈峡遺跡群を中心とした先土器時代〜縄文時代の動物と石器・土器の変遷図**
動物相や石器の変遷から、人びとの生活の変化が想定できる。

ツキノワグマ・カモシカがみられないこと、現在は本州の高山域に点々と分布するシントウトガリネズミ・ヒメヒズミ・ミズラモグラなどの出現頻度が高いことが特徴である。さらに、ヤベオオツノジカやニホンモグラジネズミ・ニホンムカシハタネズミ・プランティオイデスハタネズミに近い種類やゾウ科（ナウマンゾウの可能性が高い）の動物など絶滅種やそれにちかいものが含まれている。

また現在の本州・四国・九州には分布しないが北海道や中国大陸に分布するレミング類・ヒグマ・ヒョウなどが含まれている。これらは大陸では日本より北方の地域もしくは広域に分布する種類である。現在の本州の動物群に似た温帯の森林型の動物群と考えられ、乾燥地や典型的な草原に生息するものを含まないこと、さらに熱帯や極端に寒冷なものも含まれないことなどから、全体的には温帯の森林であったとみられる。

しかし、シントウトガリネズミ・ヒメヒズミ・レミング類といった、寒冷気候や高原的環境を好むハタネズミ属が三種も含まれていることから、当時は現在よりも寒く、森林の一部に草原が点在するパークランド的環境であったと推定される。陸産微小貝（殻の長さが一センチ未満のもの）化石の分析で、ヤマボタル・パツラマイマイといった北極圏周辺を分布の中心とする貝類が検出されていることも寒冷気候であったことを裏付けている。

## 縄文時代の動物相

先土器時代から縄文時代に推移する時期には、イノシシやツキノワグマ・カモシカなどが出現し、その頻度が急増する一方、本州の高山域を中心に分布するシントウトガリネズミ・ヒメヒズミ・ミズラモグラなどの小形哺乳動物がしだいに減少し、やがてはこの地域から消滅していってしまう。また、ヤベオオツノジカやニホンモグラジネズミ・ニホンムカシハタネズミ・プランティオイデスハタネズミに近い種類やゾウなどの絶滅種、北海道や中国大陸に分布するレミング類・ヒグマ・ヒョウなどもこの時期に絶滅している。このことは先土器時代から縄文時代にかけて気候の温暖化とともに、森林のなかに点在していた小さな草原がしだいに減少していったことを示している。

そして縄文時代層になると、動物群は現在のものと非常によく似たものとなってくる。環境は現在とほぼ同じで、この地域は温暖な気候となり一面が森林におおわれるようになってきたと考えられる。縄文時代の各層出土の動物群をみても現在と大きな差はみられないので、縄文時代以降は、ほぼ同じような環境が維持されてきたものと推定される。

こうしたなかで馬渡遺跡の縄文早期初頭の層からヤベオオツノジカ、また早期・前期の層から寒冷地に分布する絶滅種のオオヤマネコが産出していることは、縄文時代はじめには温暖化がゆるやかで、中国山地帯の一部にまだ草原のようなところが残されており、しかも先土器時代の寒冷期にユーラシア大陸から日本列島に渡来したものが、まだわずかに生き残っていたものと推定できる。

こうした先土器時代から縄文時代への環境の変化にともない、人びともそれに適応して生活するようになり、その結果、生活態様や生産諸活動にも変化が生まれてきたのである。

# 第3章　埋葬と集団関係

## 1　多数の埋葬人骨群

### 埋葬人骨群の発見

帝釈峡遺跡群が石灰岩地帯に位置することから、土器・石器ばかりでなく一般の縄文遺跡では遺存しにくい人骨・動物骨などがよく残っている。埋葬人骨は寄倉遺跡で縄文後期から晩期のもの約五〇体、猿神遺跡で後期から晩期のもの五体、名越遺跡から後期一体と晩期一体、観音堂遺跡では早期三体・後期一体、穴神遺跡からは前期一体、豊松堂面遺跡では後期のもの一四体と合計六遺跡・約七〇体にのぼる人骨が発見されている。時期的には早期のもの三体、前期のもの一体のほかはすべてが縄文後期・晩期の人骨で、縄文中期のものは認められない。

帝釈峡遺跡群では、多くの遺跡が縄文早期から利用され晩期にまで続いているが、縄文中期においても継続して利用されている遺跡はきわめて少ないし、中期の遺物があっても前後の時期にくらべてその量は非常に少ないことと関係するのかもしれない。また、早期・前期の埋葬についても、観音堂と穴神遺跡以外からは検出されていない。遺跡群ではほとんどの遺跡が縄文早期からの遺物が残されており、早期以降、居住人口が増加してきたことを示しているが、早期・前期の埋葬は二遺跡からしか発見されていない。

遺跡群でいままでに検出された埋葬は、観音堂をはじめ寄倉・穴神・名越・堂面などでみられるように、居住地域の縁辺にあたる岩陰奥部に掘られた墓坑《ぼこう》に、一定のまとまりをもって葬られた場合が大半である。岩壁寄りが墓域であった可能性が高く、住居内もしくは縁辺部が墓域として設定されていたと思われる。

よく知られているように縄文時代の埋葬は、住居の

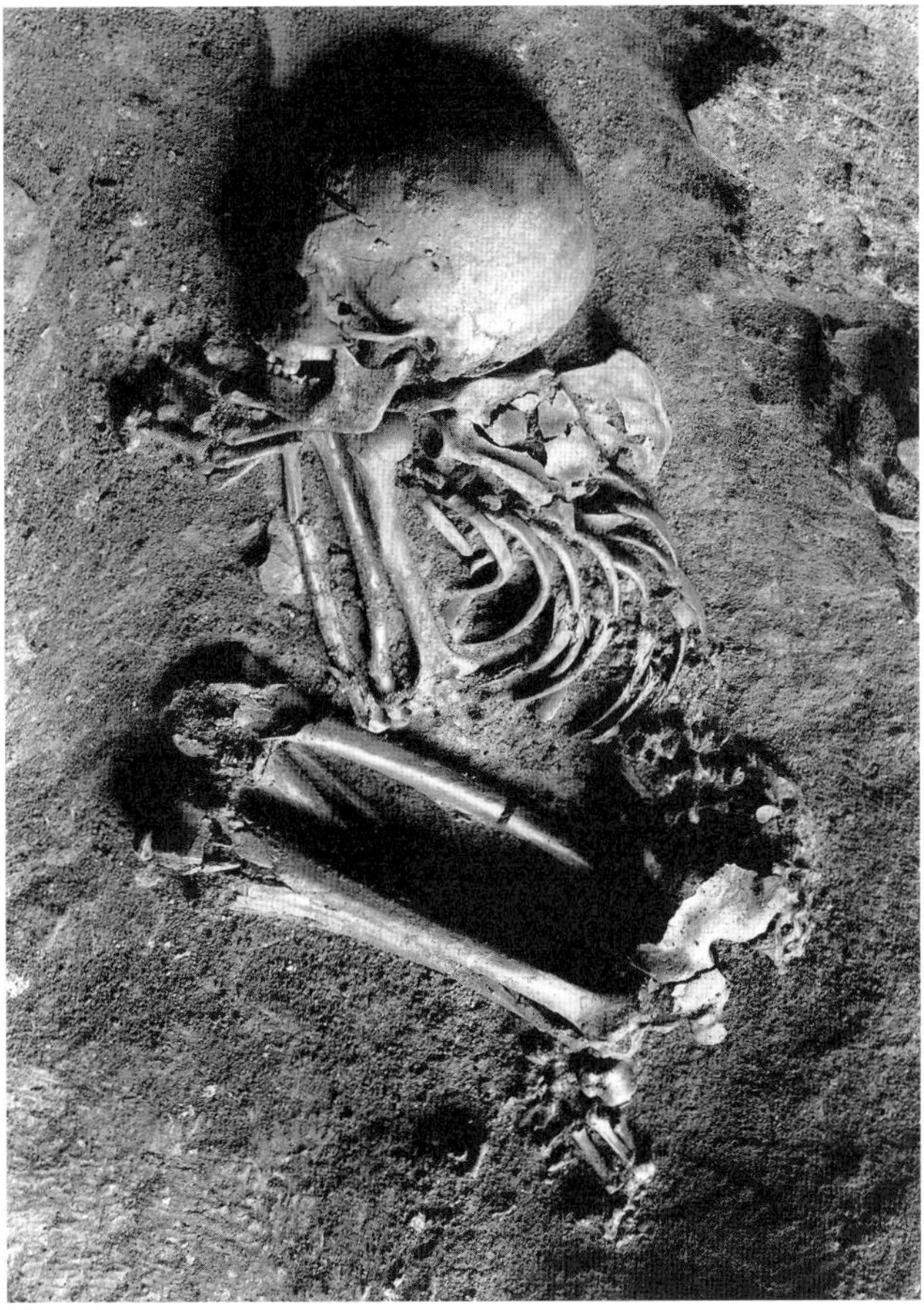

図25●観音堂遺跡第19層の屈葬人骨
膝を折り曲げた姿勢で葬られている。

内部もしくは近くに設けられていることが一般的であるが、帝釈峡遺跡群における縄文時代前半期の埋葬も住居のなかや近くだけでなく、少し離れた地域にも設けられたのかもしれない。

また後述するように、寄倉や猿神の集骨墓のほかは、一つの墓坑に一体ずつ埋葬することが基本である。一次葬と二次葬の両者が存在することは、集団内に再葬《さいそう》の観念や生者と死者を区別する葬送観念（死後の世界）が生まれていたことを想定させる。

## 観音堂洞窟の人骨

観音堂洞窟は帝釈川の支流、岩屋谷川の左岸にあり、永野野呂《のろ》とよばれる石灰岩台地の南側斜面に位置する。南に開口する洞穴の入り口部のひさしの下に遺物包含層が存在する。

埋葬人骨は入り口部の左側岩壁沿いから四体が検出されている。いずれも屈葬《くっそう》である。第一九層出土の人骨は、岩壁と並行するように掘り込まれた長さ一一五センチ・幅六五センチ・深さ三〇～三五センチの楕円形にちかい墓坑のなかに埋葬されており（図25）、人骨上部は長さ二〇～三〇センチ大の石灰岩角礫でおおわれている。人骨は成人男性とみられ、頭位は北東である。墓坑周辺出土の押型文土器から縄文早期中ごろの埋葬と推定される。

第五層検出の埋葬人骨も長さ一五〇センチ・幅六〇～七〇センチ・深さ約三〇センチの長楕円形の墓坑内にあり、上部には扁平な礫《れき》約一〇個がおかれていた。頭位は南西で頭蓋骨の南に接して鹿角《ろっかく》が出土している。墓坑内から発見されたことから副葬されたものであろう。出土土器から縄文後期末の埋葬と推定される。このほか第一五層からは、小児骨二体が検出されている。墓坑は明らかでないが、頭部付近は大形の石灰岩角礫におおわれている。

## 名越岩陰の人骨

名越岩陰は天然記念物の石灰岩の天然橋「雄橋《おんばし》」の下流で、帝釈川と合流する未渡川《みと》を一キロほどさかのぼった左岸に位置する岩陰遺跡で、狭い峡谷部に立地し、南面している。長さ七メートル・奥行き四・五メートルの西側の岩陰と長さ二・五メートル・奥行き二・五メートルの東側岩陰の二つの岩陰で構成されている。遺物包含層の中心は西側の岩陰部に存在する。

埋葬人骨は岩壁沿いで一体、岩壁西よりの岩ひさし下から一体の計二体が出土している。岩壁沿いの人骨は、東西方向に掘られた長径一〇〇センチ・短径六〇センチ・深さ五～一〇センチの不整円形の皿状の墓坑内に屈葬位で埋葬されている（図26）。頭位は西で上部は長さ一五～二〇センチ・幅一〇～一

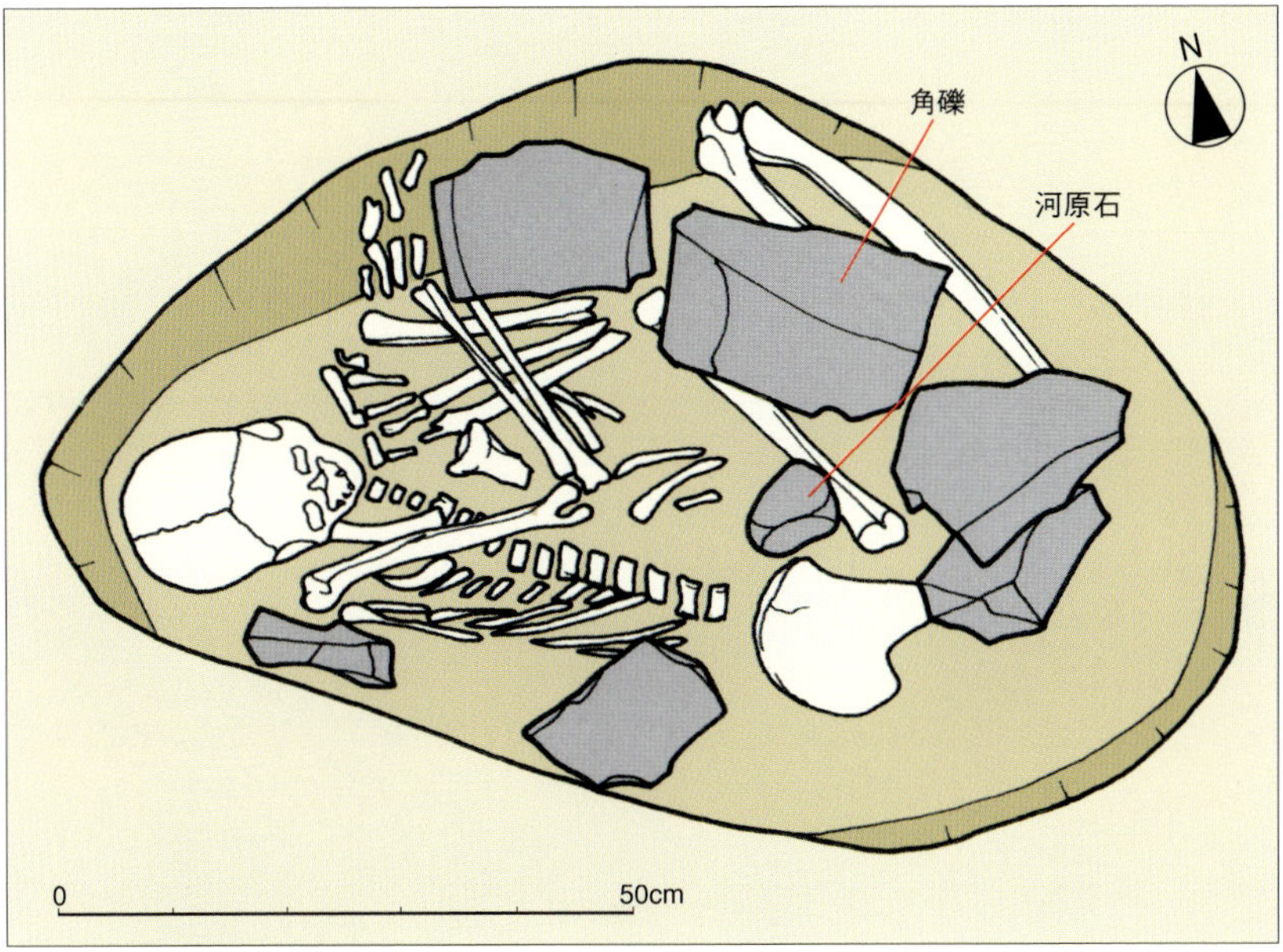


図26 ● 名越遺跡の屈葬人骨
遺体の上は石灰岩の角礫、河原石でおおわれていた。

五センチの角礫でおおわれている。また骨盤と大腿骨の間に河原石がおかれている。腹に石を抱くような姿で埋葬されたものかもしれない。人骨にともなって、長さ〇・六〜一・八センチ・径三ミリ大の骨製管玉《こっせいくだたま》（鳥骨か）が八点出土している。埋葬時期は墓坑掘り込み面から考えて縄文後期と推定される。

岩ひさし下出土の人骨も東西方向の長さ一一〇センチ・幅六〇センチ・深さ四〇センチ前後の墓坑内に頭位を西にして屈位で埋葬されている。人骨の上には、長さ四〇〜五〇センチ・幅二〇センチほどの大形礫と長さ一〇センチの小形礫がおかれており、標識にされていたようである。埋葬時期は縄文晩期後半と推定される。第1章3で述べたように、岩ひさしに沿うように東西に連なる柱穴列と、岩陰内部を二分するように前側から奥部に続く柱穴列が認められた。東半部には墓坑や食物貯蔵用とみられる竪穴があるのに対して、西半部にはなにもみられないことからすると、住居内を居住区域とそうでない場所とに区別していたと推定できる。

## 穴神岩陰の人骨

穴神岩陰は帝釈川の小支流である瀬戸《せと》川の左岸に位置する岩陰遺跡で、岩ひさし下の平坦部は長さ七メートル・奥行き三・三メートルの規模がある。岩陰奥部より墓坑二基が検出され、そのうちの一基から埋葬人骨が出土している。墓坑は長径九〇〜一一〇センチ・短径約七〇センチ・深さ二〇〜三〇センチの楕円形である。人骨の遺存状況はよくないが、部位からみて成人骨で、頭を南に向けて屈葬されていたものと考えられる。坑の上には長さ二〇〜二五センチ前後と一〇～一五センチほどの角礫約一〇個がおかれている。坑内出土の土器や被覆の標識石の上から出土した玦状耳飾《けつじょうみみかざり》などから埋葬時期は縄文前期前半と推定される。

## 堂面洞窟の人骨

堂面洞窟は帝釈石灰岩地帯の南東の縁辺部に位置する遺跡で、高梁川上流の成羽川に注ぐ天田川の右岸に所在する（図27）。長さ一〇〇メートル・高さ三〇メートルにおよぶ西に面した石灰岩岩壁の、裾部に形成された洞穴入り口部に縄文時代の包含層が認められる。入り口部は川の下刻と地下水の作用によって上洞部と下洞部に分けられ、さらに上洞部は奥から張り出した岩盤によって東と西の二つの小洞とに区分される。

埋葬人骨は、下洞部の堆積層上面付近か

図27 ● **堂面遺跡の遠景**
西面する石灰岩の大岩壁の麓に遺跡が形成されている。

ら上洞部奥部にかけて分布している。上洞部西側付近から五体、東側から九体の計一四体がみつかった。

上洞部東側入り口部の一区出土の人骨は、墓坑は明らかでないが頭位を東に向けた屈葬人骨で下肢は強く折り曲げられている。人骨上部や周辺には大形の角礫が多く存在する。人骨は成人男性で、下顎右側切歯に抜歯《ばっし》の可能性があるとされる。

抜歯は集団の社会儀礼の一つとして人為的に歯を抜く習俗である。成人したときとか結婚したときなどの通過儀礼、服喪や刑罰などの目的で施される健康な歯を抜き去る風習の一つで、上顎・下顎の犬歯、門歯、小臼歯などを抜去する例が多い。

埋葬の時期は伴出の土器から縄文後期後半と推定される。S二区第七層検出の人骨は、下洞部上面で岩壁と接するように埋葬された屈葬人骨で頭位は東である。墓坑は明らかではないが、頭蓋骨の上に長さ四〇センチ・厚さ一五センチほどの扁平な石を立てかけて頭部をおおっている。頭部以外の部位も長さ二〇～四〇センチ前後の角礫でおおわれている。人骨は成人男性で上顎両犬歯に抜歯が認められる。

また一区西側の小穴から発見された人骨は、頭位を北に向けた屈葬人骨である。竪穴は南北約一・八メートル・東西約七〇センチの大きさがあり、底部から成人男性骨一体がみつかっている。この人骨の腹部付近から乳児骨一体がみつかっている。合葬されたのであろう。人骨上部には大形礫がおかれて、上顎両犬歯に抜歯が施されている。土器から縄文後期後半の埋葬と推定される。

堂面出土の人骨は全部で一四体にのぼるが、いずれも東側と西側の上洞部奥寄りからみつかっている。上洞部奥寄りが墓域として設定されていたようである。また、人骨の性別、年齢構成をみると上洞部東側では成人男性三体・乳小児四体・不明二体、西側では、成人男性一体・成人女性三体・不明一体となっている。このことからすると性別、年齢によって埋葬区域が区別されていたことを想定させる。

## 寄倉岩陰の人骨

寄倉岩陰は帝釈川の谷の入り口近くの左岸に位置している。遺跡はほぼ西の方向に開口し、前面には川の蛇行による盆地状の沖積低地がひろがっている。遺跡はこの盆地状低地の上流側入り口部に立地している。幅約四〇メートルの石灰岩大岩壁の麓にあり、長さ約二〇メートル・奥行き約六メートルの範囲に遺物包含層がひろがっており、帝釈峡遺跡群では最大規模の「巾着型」の遺跡である。遺跡から少し離れたところを流れる帝釈川の現川床から堆積層上面までは約一〇メートルの高さがある。一九六三年から一九六六年までの四次にわたる調査で、縄文時代のほぼ全般にわたるが遺物が層位関係をもって出土しており、中国・四国地方の縄文時代編年研究の基準として国史跡に指定されている。

寄倉出土の遺物のうち注目されるものは、第一二層出土の繊維土器と岩壁寄りの二地点から発見された埋葬人骨群である（図28・29・30）。埋葬人骨群は第三次（一九六五年）と第四次（一九六六年）の調査で検出された。第三次調査で検出の第一号墓は、岩陰南寄りの岩壁に接

**図28 ●寄倉遺跡の第1号人骨群**
成人骨を中心に集骨されており、近くから石剣柄頭がみつかっている。

図 29 ●寄倉遺跡の第 2 号人骨群
幼小児骨を主体に集骨されていた。

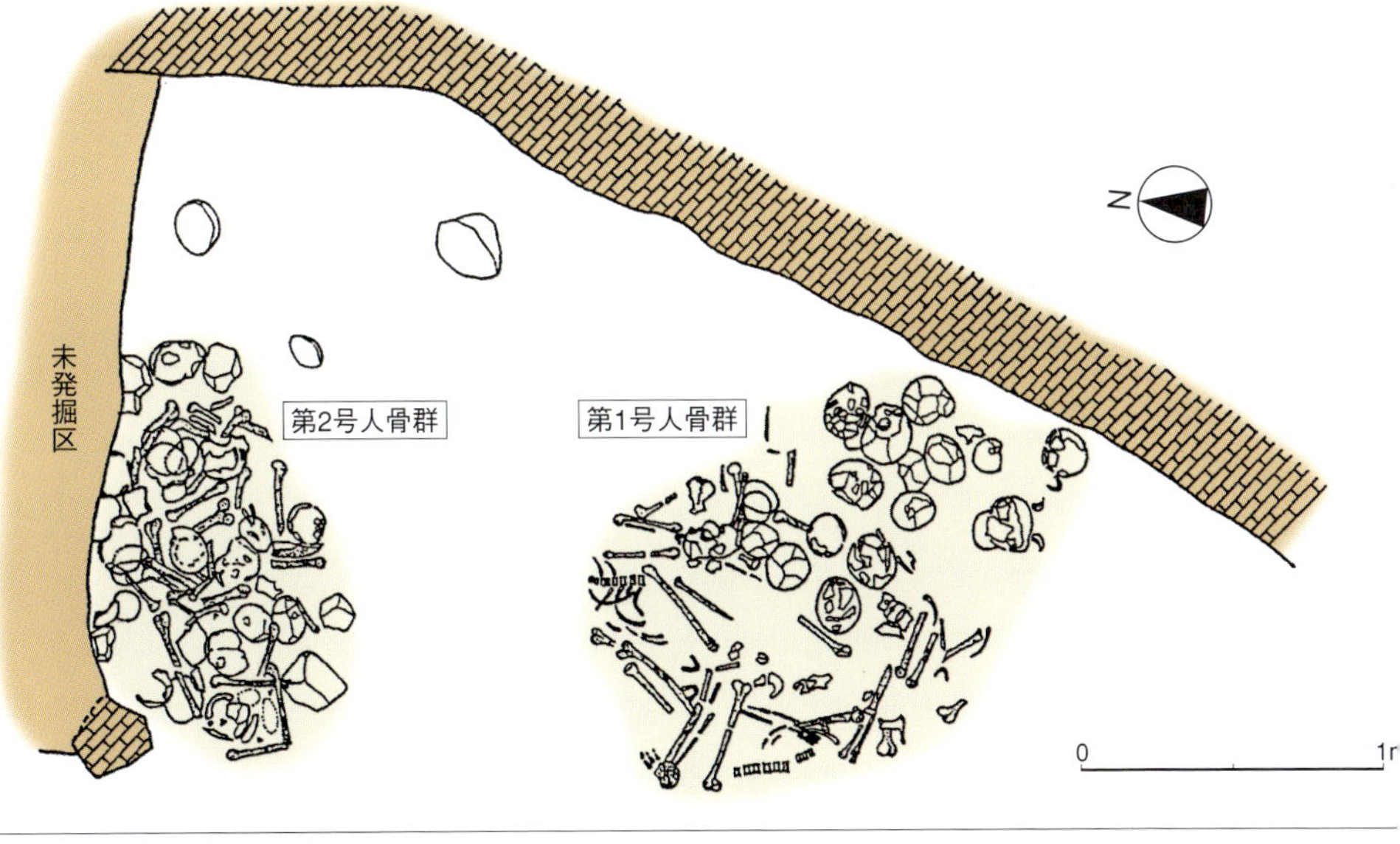


図 30 ●寄倉遺跡の埋葬人骨群の出土位置
岩壁寄りの隅のあたりが墓域になっていた。

したところにあり、二×一・五メートルのほぼ楕円形の範囲に、頭蓋骨と四肢骨が集骨された状態でみつかっている。人骨の実数は明らかでないが、確認された数は、成人二一体・幼児一体の二二体であり、成人を主体としている。

集骨の状況は頭骨が岩壁に沿って半円形に並べられ、四肢骨はその前に重なるように集められており、上部は約二〇個の石灰岩角礫でおおわれている。抜歯や頭頂部に赤色顔料の付着するもの、火熱を受けて変色したものなどがある。抜歯は人骨のほぼすべてにみられる。集骨墓より約二メートルはなれたところから石剣柄頭《せっけんつかがしら》が出土している(図31)。埋葬にともなうものであろう。

第四次調査で検出の第二号墓は、第一号墓の北約一メートルにあり、確認された人骨の数は約二四体である。人骨は岩陰の北側未発掘地域にもひろがっていることから、総数は三〇体以上におよぶものと推定される。人骨は若年の者が大半で、

図31 ● 人骨群近くで発見の石剣柄頭
陽物状の柄頭で、集団の長のような人も葬られていたようだ。

成人骨と推定されるものは三、四体であり、第一号墓が成人主体であったこととは明らかに異なっている。集骨の状況は上下の重なりが著しく、四段ほどに積み重ねられている。第一号墓と同様に、上部には大形の角礫がおかれている。成人骨は一体分の頭骨・四肢骨がまとめられ、抜歯や赤色顔料の付着もみられない。また幼児骨は頭骨を縫合に沿って二つに縦割りにして、そのなかに全身骨をまとめて入れ、ふたたび頭骨を合わせるようにしておいている。

第一号墓、第二号墓の埋葬時期は、出土の層位と人骨の間や周辺から出土の土器から縄文後期後半と推定される。

二つの埋葬人骨群の出土状態は縄文時代の埋葬としては特異で、一体ずつを埋葬した後、時間をおいてこの地に集骨もしくは改葬した二次的埋葬である。またこれらの人骨は寄倉で生活した人びとのみなのか、寄倉を中心にした他の遺跡の人びとを含むものなのかについて明らかにできないが、寄倉の遺物包含層のひろがりから推定される居住可能数・人骨数の多さなどから、寄倉を中心とした上帝釈地域の他の遺跡の人びとをも含んだ二次的埋葬と推定できる。この寄倉に関連する遺跡として注目される遺跡に猿神遺跡がある。

### 猿神岩陰の人骨

猿神岩陰は寄倉遺跡の南東上手約二〇メートルに位置する岩陰遺跡である。岩陰の前面には巨大な石灰岩岩塊がみられ、この岩塊と岩壁とにはさまれた長さ約一二メートル・奥行き一〜二・五メートルの狭小な部分が遺跡となっている。この岩陰部のほぼ中央付近の表土下から縄文後期後半から晩期にかけての土器片・石鏃二点・剝片・貝殻などとともに、三つの墓坑が検出されている（図32・34）。

三つの墓坑は互いに切り合い関係にあり、北側の墓坑は長さ九五センチ・幅八〇センチ・深さ二五センチの楕円形で、底には二〇〜三〇センチ前後の石灰岩角礫が七〜八個おかれている。人骨は出土していない。南側のものは長さ九〇センチ・幅八〇センチ・深さ四〇センチの矩形の平面で、南側小口には長さ二五センチの石灰岩角礫が斜めにおかれ、底にも小角礫が二個おかれている。埋土や墓坑底から成人頭骨の一部や歯が出土している。

中央の墓坑は長さ八五センチ・幅一一〇センチ・深さ三〇センチの規模がある。他の二つの墓坑と切り合っているため墓坑の原形は明らかでないが、墓坑の中央部七〇×五〇センチの範囲に大小の角礫がおかれ、その上から人骨群が検出されている。人骨群の上には人為的に大形の石灰岩角礫数個と中・小の角礫がおかれている。本来は地表に露出していたものと思われる。

埋葬人骨は中央の墓坑内の三五×四〇センチのほぼ方形の範囲にまとめられている。大き目の四肢骨は岩壁に平行するように並べられ、東端には成人四肢骨と頭骨をおき、西端には成人と小児の大腿骨をおいている。大き目の四肢骨で東と西端を画したようである。この四肢骨で画された範囲のなかに、成人下顎骨や小児頭骨、その他の全身骨が集積され、四隅にかたよったところには頭骨がおかれている。

こうした状況はいわゆる盤状《ばんじょう》集積墓《しゅうせきぼ》とよばれる埋葬に類似する。成人頭骨の一部は切り合い関係にある南側の墓坑に残された断片と接合するものがあるので、最初の一次埋葬もこの地

図 32 ● **猿神遺跡の埋葬土坑**
岩陰の下の狭いところに埋葬が営まれていた。

でおこなわれたものと考えられる。

人骨群の数は下顎の数からすると、成人骨二体・小児骨三体の五体からなる。成人骨は男女各一体で、あたかも夫婦と子どもからなる核家族の埋葬を示している。埋葬時期は伴出土器から後期後半から晩期前半と推定される。ところで成人骨は、下顎骨・四肢骨ともきゃしゃで、一般的な縄文後・晩期人骨と比較して特異な例とされる。また、成人男性骨では下顎右犬歯?、成人女性骨では下顎両犬歯に抜歯が施されている。春成秀爾によると、女性骨の抜歯は既婚者とされるので、夫婦と考えてよさそうである。なお、成人骨には赤色顔料の付着がみられ、西端の成人大腿骨に接して、サルボウ製貝輪一点が出土している。もともと遺体に装着されていたものであろう。

埋葬状態から判断すると、この地が埋葬地として選ばれていたことを示している。ただし、少量ながら生活遺物である土器・石器・貝殻などが出土しているので、短期間ではあるが生活が営まれたと考えることができる。

## 2 再葬と家族墓

### 身近に埋葬された人骨群

帝釈峡遺跡群の埋葬は、他の地域の縄文時代埋葬と同様に居住地域に近接して営まれている場合が多い。洞穴遺跡の場合、そこでの居住可能面積はきわめて限られていながら、居住地内もしくはその端部に埋葬が営まれていることは注目してよい。この傾向は再葬墓である寄倉・猿神の場合も同様である。寄倉では岩陰南端の岩壁沿いに埋葬があり、猿神でも岩陰部で埋葬がみつかっている。このことからみて、岩壁沿いの奥まった場が墓域として選ばれていたと考えることができる。

墓域や墓を示す地上の施設が存在したのかどうか明らかでないが、帝釈峡遺跡群の場合、いずれも人骨の上部に置石がみられ（図33）、標識とされていた可能性が強い。また名越では縄文後期の柱穴列によって岩陰部が東西に二分され、この東半部の岩壁沿いに埋葬や竪穴が分布していることから、間仕切りによって墓域を画していたのかもしれない。いずれにしても狭小な居住地域と近接して埋葬が営まれていることは、死者を身近な場所におくといった考え方が存在したからにちがいなく、そこには死者の霊

図33 ● **居住空間のなかにつくられた埋葬土坑と置石**（名越遺跡）
墓坑の上は置石でおおわれていた。

魂不滅とか精霊・祖先崇拝といった再生観念が芽生えていたと考えられる。

## 年齢・階層の異なる集骨墓

寄倉で確認された人骨の数は、成人男性一五体・成人女性一三体・幼小児一二体であるが、人骨は未発掘地域にも存在するので総数は五〇体以上におよぶと推定される。寄倉という居住地域の限られた一つの岩陰遺跡で、同時期の人骨が五〇体以上も検出されていることは、後期後半から晩期前半の年代にかなりの幅があるにしても、数が多く特異である。寄倉で生活していた集団が死者をつぎつぎと埋葬していった結果とみることは困難である。寄倉を中心として周辺に所在するいくつかの遺跡で生活していた集団の共同の再葬地であったと考えるほうが的《まと》を得ている。

また二つの集骨墓は成人を主体とした第一号墓と、幼小児を中心とした第二号墓に分けられた。年齢差によって埋葬地が区分されていたことを想定させる。こうした想定が許されるならば、寄倉を中心とした上帝釈地域の集団においては、各遺跡に居住する一つの集団がそれぞれの居住地内もしくは近接地において一次の埋葬を営み、ある一定の期間を経てから遺体を掘り出して、二次的処置を施したのち、あらためて特定の場所、この場合は寄倉の地にふたたび埋葬するといったひとつの習俗があり、さらには年齢差によっても埋葬場所を区別するといった、社会的な決め事が存在していたことを想定させる。こうした社会儀礼・習俗や社会的な決め事をもつ集団の生活は、かなり定着的なものであったといえる。

## 家族五人の集骨墓

猿神検出の埋葬人骨群は、寄倉に近接し同じ生活領域に含まれながら、共同の墓域に埋葬されるのではなく家族墓として営まれていた（図34）。このことは先にみた社会的決め事が強固なものでなかったとか、あるいは死者の出自や地位・死亡原因に違いがあったためなどの原因が考えられる。しかし、寄倉の埋葬が年齢によって区分されていたことから考えると、社会的な決め事が弱かったとみることはむずかしい。猿神の埋葬が盤状集積状に集められ、夫婦と子ども三人で構成されており、一時死亡を示すらしいこと、また成人骨が抜歯や赤色顔料の付着など他の縄文後・晩期人骨に類似する特徴をもちながら、形質学的にはきゃしゃで晩期人骨としては異常であること、

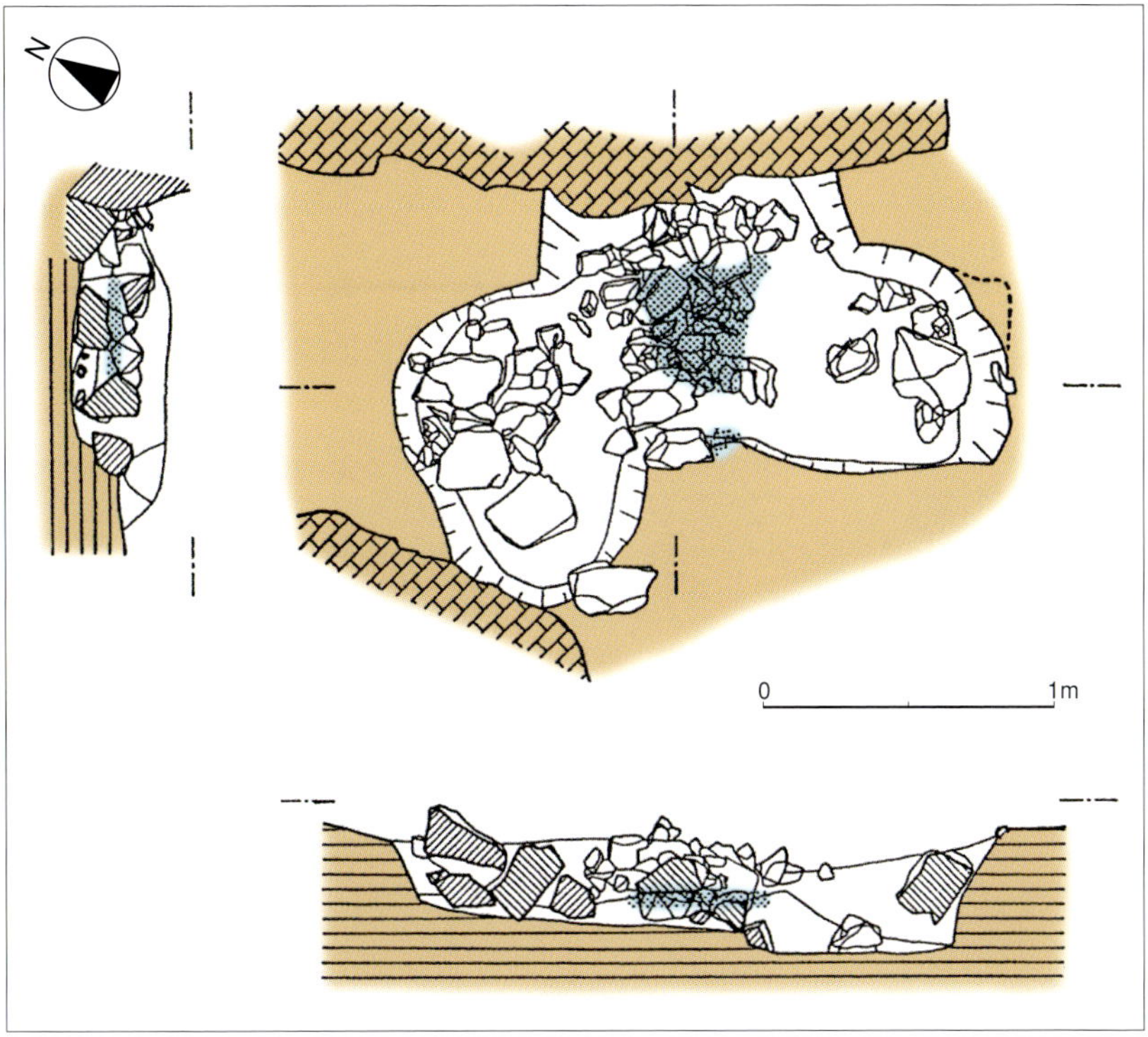


図34 ● 5人が埋葬された土坑（猿神遺跡）
中央の墓坑のなかに、ひと家族５人の遺体が集骨されていた。

さらに寄倉の人骨の抜歯の型式と猿神の成人骨の抜歯型式はやや様相を異にするとされることなどから、猿神の集団は寄倉の集団とは出自や地位・死亡原因に違いがあったために、寄倉の共同墓とは離れた場所にまとめて埋葬されたものと考えられるのである。

## 山の生活史の動態と習俗

すでに述べたように、帝釈峡地域には約五〇カ所の洞穴遺跡が分布するが、縄文前期後半から中期にいたる遺物はまったくみられないか、あってもごく少量しか認められない。たとえば観音堂でも狩猟対象の中・大形哺乳動物の出土個体数をみると、縄文中期を中心とした時期の出土数は減少している。

こうした傾向は中国山地帯の他の遺跡においても同様である。この時期、帝釈峡地域だけでなく中国山地帯での人びとの生活維持がかなりむずかしくなっていたことをあらわすものであろう。縄文早期以降の人口の増大にともなう動植物食料の乱獲も原因の一つとみられるし、花粉分析によると、山地や日本海沿海で気候の冷涼、湿潤化が進んだとされ、植物性食料の採取が十分ではなかったことも原因と考えられる。

これに対して瀬戸内海沿海部では、縄文前期以降になると遺跡は大形化の傾向があらわれ、遺物も急激に増えてくる。海洋性気候の拡大とともに、人びとが海浜を中心にした生産活動を営むことが多くなってきたことを物語っている。それまで山地帯で生活してきた人びとも気候の変化や乱獲による食料の枯渇にともない、より生活しやすい内海地域へ生活の場を移していったと考えられるのである。

一方、縄文後・晩期になると中国山地一帯では、ふたたび遺跡が増加し、遺物の種類・量も増えてくる。帝釈峡地域でも同様で、埋葬人骨の検出例が増えてくる。縄文後期になってふたたび人びとが山地帯で生活しはじめたことを示している。

これらの人びとは沿海部地域から新たに移住してきた人びと（集団）であり、川では必要以上に貝を採取しないとか、シカの狩でも若年獣の捕獲を制限するといった集団の決め事によって活動し、埋葬では再葬という習俗や抜歯習慣、赤色顔料塗布といった新しい習俗をもった集団であった。寄倉遺跡検出の人骨群で明らかなように、成人から幼児にいたるまで埋葬されていることは、季節ごとに移動をくり返す集団ではなく、再葬という埋葬習俗、つまりは再生観念の確立した定着的な集団であったといえるのである。

# 第4章　地域間の交流

## 1　多様な縄文土器の動態

帝釈峡遺跡群では洞穴入り口部や岩ひさしの下に、古い時代から整然と堆積した包含層があり、そこから縄文時代全般にわたるさまざまな遺物が出土する。なかでも土器は種類・量ともに豊富であり、しかも層位関係をもって出土することから土器編年の基準になるとともに、生活や文化の推移を推定することが可能となる。遺跡群出土の縄文土器には、東日本系の土器や九州系の土器文化の影響のもとに生まれた土器など、他地域との文化交流を示すものが多くみられる。ここでは帝釈峡遺跡群で特徴的な縄文早期・前期の土器についてみておきたい。

### 縄文早期の土器

**無文土器**　馬渡第四層出土の土器（無文土器Ⅰ）と、観音堂第二〇・二一層、堂面第一三・

一四層出土の土器（無文土器Ⅱ）がある。〔無文土器Ⅰ〕馬渡第四層の土器は口径二一センチ・高さ一六センチの鉢形で、底部は平底である（図21参照）。胎土《たいど》に多量の繊維と砂粒を含んでおり、幅五センチほどの粘土帯を輪積みにして製作している。器壁内外とも底部付近は二次的な火を受けて変色し、煤が付着していることから煮沸用として使用されたことを示している。

近年この時期の土器の出土遺跡が増加している。土器出現の事情はいまだ明らかでないが、日本列島内で最初につくられた土器群の一つで、列島各地で多元的に成立したようである。

〔無文土器Ⅱ〕観音堂出土の土器は口径二六センチ・現存の高さ一五・五センチの鉢形土器で平底である。胎土には石英砂粒・雲母を多く含んでいる。

図35●弘法滝遺跡の遠景
洞窟入口に厚さ約８ｍの堆積層が形成されている。

**刺突文《しとつもん》土器**　弘法滝遺跡（図35）の第一五層出土の土器で、表面には長さ七〜八ミリ・幅三ミリ前後の刺突が篦《へら》によってめぐらされている。また山形状の施文をめぐらすものもみられる。出土の層から、つぎに述べる条痕文《じょうこんもん》土器以前に位置づけられる。

**条痕文土器**　弘法滝第一三層・第一四層出土の土器で、器表裏に二枚貝条痕がめぐらされている（図36）。胎土には金雲母を含み、口縁部に刻み目や刺突がみられる。底部は尖底《せんてい》である。いまのところ弘法滝遺跡のみから出土している。大分県二日《ふつか》市《いち》洞窟遺跡で押型文土器に先行する第八層・第九層から出土した条痕文土器に対比できるかもしれない。

**押型文土器**　遺跡群の多くの遺跡か

**図36** ●**条痕文土器**（弘法滝第13・14層）
口縁部に刺突がめぐらされている。

ら出土する。馬渡第三層の上・下層の二群、観音堂第一九層の上・中・下層の三群、弘法滝の第一〇層から第一三層におよぶ四ないし五群などに分けられる。

〔押型文土器Ⅰ〕弘法滝第一三層下半出土の土器があたる。底部は乳房状の尖底とみられる。器内外に条痕がめぐらされ、表面には条痕の上に横位の山形文をベルト状に施している。

〔押型文土器Ⅱ〕弘法滝第一三層上半、観音堂第一九層下層、堂面第一二層出土の第三群土器が含まれる。観音堂では、表面に二段の山形文を配し、その下に二段一組の凹形の矩形文《くけいもん》をめぐらしている（図37）。堂面出土の土器には山形の押型文を表面に横方向にめぐらしたものや、表面に帯状に間隔をおいてめぐらしたもの、縦方向に交差するように十文字にめぐらすものなどがある。堂面・弘法滝では凹形の押型文がともなっている。

図 37 ● **押型文土器Ⅱ**（観音堂第 19 層）
表面に山形文と矩形文がめぐらされている。

〔押型文土器Ⅲ〕馬渡第三層下半、観音堂第一九層中層、弘法滝第一二層・堂面第一二層第二群土器などが含まれる（図38）。帝釈峡遺跡群の押型文土器の主体をなしている。押型文様には、楕円文・山形文・鋸歯文《きょしもん》のほか少量の格子目文がみられる。楕円と山形・楕円と鋸歯などが同じ土器に共用されたものなどがある。伴出の石鏃からみても瀬戸内海沿海部の黄島式押型文土器に併行する。

〔押型文土器Ⅳ〕馬渡第三層上半、寄倉第一三層、観音堂第一九層上層、弘法滝第一一層、堂面第一二層第一群土器などが含まれる（図39）。楕円の押型文土器を中心とするが楕円粒子の長さが一センチ前後の粗大なものや口縁部内側に平行短線がめぐらされるものが多い。近畿地方の高山寺系の押型文土器に対比される。

〔押型文土器Ⅴ〕弘法滝第一〇層出土の土器があたる。器壁は一・一〜一・四センチと厚く、口縁部端部と内外面に山形文をめぐらしている。胴部

図38 ● **押型文土器Ⅲ**（馬渡第３層）
表面全体に楕円の文様がめぐらされている。

上半は垂下する帯状の山形文と鋸歯状の幅のある沈線文で構成され、沈線文の端部には押引き刺突となるものがある。近畿地方の穂谷《ほだに》式土器に併行するものと推定され、押型文土器の最終末に位置づけられる。いまのところ弘法滝のみから出土している。

**繊維土器**　寄倉第一一層・第一二層から、胎土に繊維を混入した土器群が出土した。縄文前期前半の羽島下層式土器群より下位の包含層から出土しており、島根県菱根《ひしね》遺跡出土の土器などに共通するところから新型式の土器かとされた。その後調査が進むにつれて、この繊維土器は、押型文土器と同じように帝釈峡の各遺跡から出土することが明らかになり、層位的にも押型文土器と前期の羽島下層式土器との間を埋める土器群であることが明らかにされた。繊維土器は形態や特徴から大きく三群に区分できる。

〔繊維土器Ⅰ〕観音堂第一八層出土の土器があた

図39 ●**押型文土器Ⅳ**（堂面第12層）
縦方向に山形文がめぐらされた押型文土器。

る。器壁が一センチ以上におよぶ厚手平底の土器で含まれる繊維の量は多い。条痕調整はみとめられず、文様としては斜格子状の沈線がめぐらされたグループである。久代東山遺跡第六層出土の口縁部に、X字状の短沈線をめぐらすものや、胴部に斜格子状の沈線をめぐらすものなども含まれる。このグループに含まれる土器は、愛知県織田井戸《おだいど》遺跡、岐阜県不老井《ふろうい》遺跡・解《げ》脱《だつ》遺跡、福井県鳥浜《とりはま》遺跡など東海地方から北陸地方にかけてみられる。東海地方の土器が撚糸《よりいと》原体を斜格子状に交差して圧した文様であるのに対して、観音堂出土の土器は篦状工具で幅広く施文したもので、施文方法にちがいがみられる。なお観音堂では第一九層上層から高山寺系押型文土器に伴出する撚糸圧痕文土器がみつかっており、岐阜県の不老井では繊維混入の撚糸圧痕文土器に粗大楕円の押型文土器がともなっている。東海地方と中国山地帯の間には、施文法のちがいはあるものの押型文土器にもっとも接近した縄文早期後半の時期の土器群である。

〔繊維土器Ⅱ〕平底で条痕調整が認められ、縄文や刺突文・竹管状の沈曲線を併用してめぐらす特徴をもっている。滋賀県大津市の石山《いしやま》貝塚出土の東日本系の茅山《かやま》式土器に類似しており、関東から東海地方との関係が想定される土器である。観音堂第一八層出土土器（図40）や寄倉第一二層式、北陸の鳥浜貝塚第二群土器などに類例がみられる。

〔繊維土器Ⅲ〕薄手の条痕調整の顕著な丸底の土器を中心とする。胎土に含まれる繊維の量は少なくなる。文様は、表裏とも縄文・表が縄文で裏が条痕・表裏とも条痕のものなどがある。帝釈峡遺跡群では、寄倉第一一層ではじめて出土し注目された土器である。その後、馬渡第二層下層や観音堂第一七層、堂面第九層などの多くの遺跡から出土することが確認されている。

また日本海沿海部の島根県菱根・佐太講武《さたこうぶ》・西川津《にしかわつ》や鳥取県目久美《めぐみ》、京都府宮ノ下《みやのした》などで出土している。この土器は島根県菱根遺跡出土の菱根式土器に共通し、繊維土器の最終末に位置づけられている。

以上述べてきたように、繊維土器を大きく三群に分類した。そして繊維土器Ⅰ・Ⅱは関東から東海・北陸地方の土器の特徴をもつものが多くみられるのに対して、繊維土器Ⅲは日本海沿海部から中国山地帯に分布の中心をもつ土器である。文様は条痕がみられず単純な斜格子状沈線のめぐるものから、条痕がみられ縄文・刺突文・竹管文などの文様がめぐるものへ推移し、やがては条痕が顕著となり、縄文のものと条痕文のものへ変化していくと推定される。また器壁や底部も厚手平底から薄手丸底へ変化していくとみてよかろう。

帝釈峡遺跡群の層位から、繊維土器Ⅰ・Ⅱが押型文土器Ⅴに続く時期の縄文早期後半から末に、また繊維土器Ⅲが縄文前期初頭に位置づけられる。

図 40 ● **繊維土器Ⅱ**（観音堂第 18 層）
滋賀県の石山貝塚出土の土器に類似している。

## 縄文前期の土器

前期の土器は、前期初頭には、繊維土器Ⅲがあり、前期前半には条痕を地文とし隆帯文・刺突文・爪形文などをめぐらす羽島下層式土器、中葉から後半には連続爪形文や羽状《うじょう》縄文のめぐる磯《いそ》の森《もり》式土器や縄文がみられず押引き文の施された彦崎《ひこざき》ZⅠ式がみられ、後半から末には器面に突帯を貼りつけ、それに押引き文や縄文・爪形文のめぐらされた彦崎ZⅡ式（里木《さとぎ》Ⅰ式）、田井式（大歳山《おおとしやま》式）土器がある。

**羽島下層式土器**　瀬戸内海沿海の岡山県羽島貝塚出土土器を標式とする。かつて鎌木義昌らによって羽島下層Ⅰ・Ⅱ・Ⅲ式に分類され、Ⅰ式は早期末頃に比定されていた。その後、羽島貝塚や里木貝塚の資料からこれらは一括して前期前半に位置づけられたが、帝釈峡遺跡群の調査で古相と新相に区分でき、しかも繊維土器に後続する土器として位置づけることができるようになった。

羽島下層式土器は遺跡群の多くの遺跡から出土する。古相の土器は器表面を条痕によって調整したものを中心とする。文様は口縁部外側や胴部に隆帯をめぐらし、その上に刻み目や刺突を施したものなどがある。器形は口縁の開いた鉢形で底は丸底である。馬渡第二層、寄倉第一〇層、観音堂第一四層などから出土している。器表に隆帯をめぐらし、その上に刻み目を施すものは九州の轟B式の系統をもつものといえる。また、寄倉第九層下部や観音堂出土土器の中に短沈線文のめぐらされた土器がある。羽島下層式土器の古相にともない、口縁部から胴部屈曲部まで横位に綾杉状に短沈線がめぐらされており、器形や文様の特徴から九州の曽畑《そばた》式系統の土器と推定される。

羽島下層式新相の土器は羽島下層式土器の主体をなすもので、貝殻腹縁や箆状工具で刺突文や爪形文を施した土器である（図41）。刺突文には、Ｄ字形・Ｃ字形の爪形刺突や押引き刺突があり、刺突文と縄文、沈線文などが併用されるものも多く多様である。観音堂第一二層・第一三層、寄倉第九層、弘法滝第五層、堂面第八層などから出土している。器形は胴部にふくらみのある鉢形土器が中心で、底部は丸底である。

**羽島下層式以降の前期土器**　羽島下層式に後続する瀬戸内系の磯の森式土器や彦崎ＺⅠ式・里木Ⅰ式（彦崎ＺⅡ式）などの出土は多くない。条痕地の上を刺突文や爪形文で飾った磯の森式土器や無文地に刺突文の施された彦崎ＺⅠ式土器は、観音堂第一二層、寄倉第九層、堂面第六層・第七層などから出土している。続く彦崎ＺⅡ式土器（里木Ⅰ式土器）は、瀬戸内の彦崎貝塚や里木貝塚で彦崎ＺⅠ式と層位的

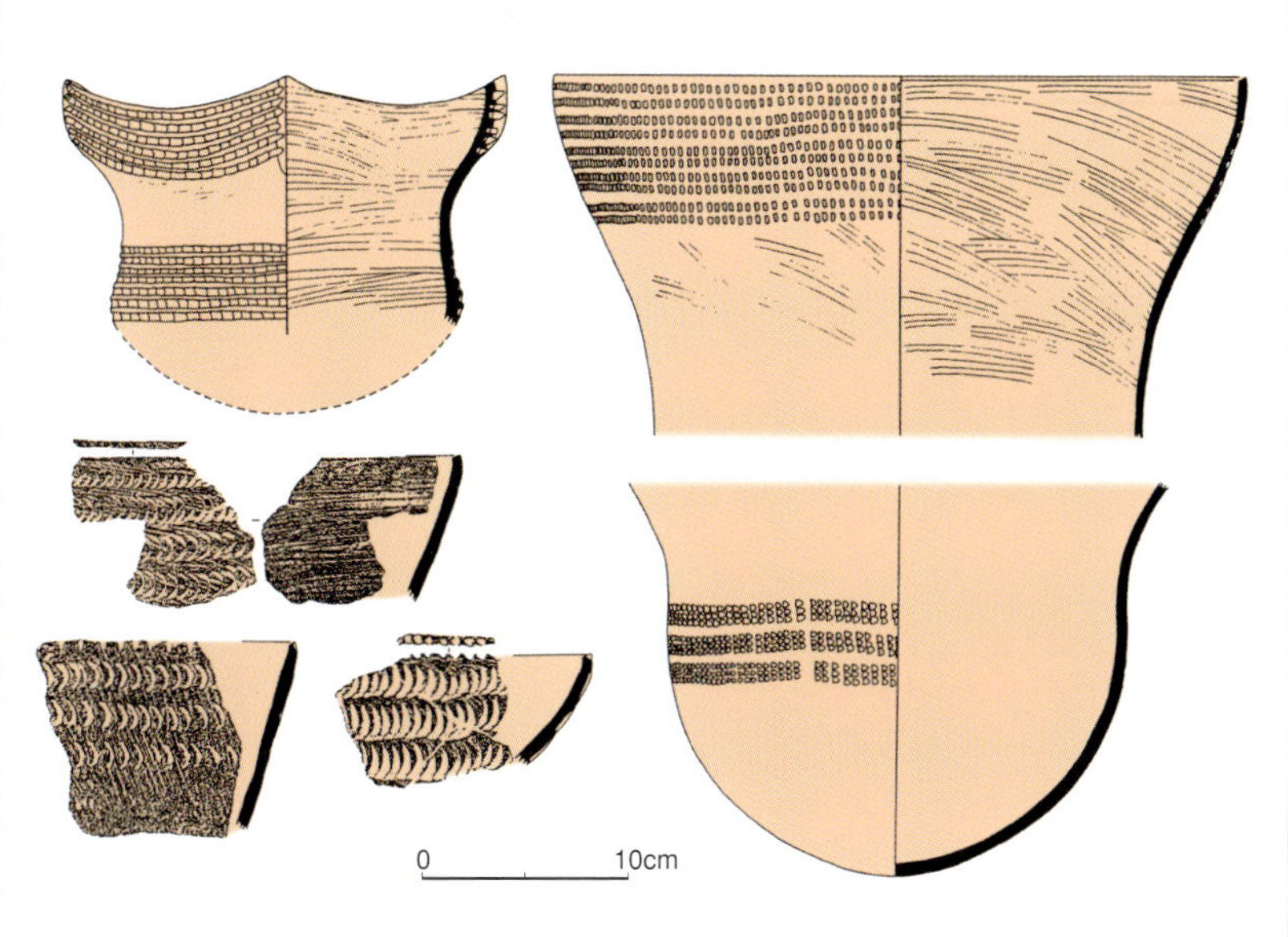


図41●羽島下層式土器
表面にＤ形、Ｃ形の爪形刺突がめぐらされている土器である。

に先後関係がみとめられたとされる。縄文地の上に細い粘土紐を平行または曲線状に貼りつけ、その上に竹管による押引き文や縄文のめぐらされた特殊突帯文土器で口縁部に隆起部をもつものや波状をなすものがあり、近畿の北白川《きたしらかわ》下層Ⅲ式（平ZⅠ式）に併行する土器である。彦崎ZⅡ式に後続する前期末の田井式土器が馬渡第一層、寄倉第八層、堂面第六層などから出土している。縄文地の上に低い突帯をめぐらし、その上に竹管状工具による爪形文や貝圧痕文が施されており、器壁は薄い。近畿の大歳山式土器に対比される土器である。突帯文の成立からみて縄文中期初頭の船元《ふなもと》式土器と密接に関連する土器といえる。

## 2　貝製品と石器石材の遠隔地交易

### 貝製品にみる海岸地帯との交流

縄文時代に帝釈峡地域で生活した人びとは、中国山地帯のなかで孤立した生活を営んでいたわけではなかった。土器でみたように、縄文時代のはじめから東日本や九州地方など他の地域との文化交流・交易をおこない独特の文化を形成してきた。

ところで、各遺跡からは食料残滓としての貝類のほか、装身具や生活用具として利用された貝製品が多く出土する。帝釈峡に生息する淡水産のカワシンジュガイ・カワニナなどは多くの遺跡から出土し、その量も多いので食料として採取されたものとみてよい。ところが装身具・生活用具としての貝製品は、ほとんどの場合、原料として海産の貝類を利用している。海産の貝類は瀬戸内海または日本海沿海から帝釈峡までもち込んだものであるが、いずれも帝釈峡から六〇キロ以上離れている。

馬渡遺跡では縄文前期の第二層から貝輪・貝杯（図42）などの貝製品が出土しているが、貝輪はマツバガイ・サルボウ・カワシンジュガイ製で、有孔貝製品はマガキガイ・ハイガイ製、貝杯はテングニシ製である。ほかに用途不明の加工品はカワシンジュガイ製である。このうち帝釈峡で入手できるものはカワシンジュガイだけである。加工品でなく貝の形のまま出土しているものとして、ハイガイ・アワビ・ツメタガイ・シドロ・トガリオリイレなどがある。各遺跡から出土する海産貝類の量は少なく、一遺跡で多くても一〇個程度である。このことは海産貝類が食用として帝釈峡地域までもち込まれたものではなく、加工材料または加工品としてもち込まれたものであることを物語っている。

帝釈峡遺跡群に海産貝類がもち込まれるのは弘法滝第一四層出土のクチベニ・ハイガイなどの穿孔品や、第一

図42 ●貝杯（馬渡遺跡）
大形のテングニシの殻を割って縁を磨いて杯にしている。

三層のタカラガイ・イボキサゴ・ツノガイ製の穿孔ないし切断した貝製品（図43）、堂面第一○層のマダカアワビ製の有孔垂飾品・オキシジミ製の貝刃などから縄文早期のことである。その後、前期前半になると各種海産貝類を原料とした腕輪・垂飾品・貝杯などの加工品が出現し数も増えてくる。また帝釈峡地域で採取可能な淡水産のカワシンジュガイ・マシジミなどを材料とした貝製品も製作されるようになる。海水準の上昇にともなう瀬戸内海の形成過程ともよく符合しており、縄文時代の開始にともなう漁撈活動のはじまりとともに、沿海部との交易の進展があったことをうかがわせる。

しかも弘法滝第一三層のタカラガイや馬渡第二層出土のマガキガイなどは瀬戸内海には産出しないもので、マガキガイは房総半島以南から熱帯まで分布しており、日本海側では山口県青海《おうみ》島《しま》付近まで分布する。マガキガイの出土例

図43 ●骨角器・海産貝類による貝製品（弘法滝遺跡）
海産のタカラガイ・ツノガイや動物骨を利用して装身具としていた。

には瀬戸内海にもっとも近いところで愛媛県平《ひら》城《じょう》貝塚、高知県宿毛《すくも》貝塚がある。現生の分布からみて愛媛県佐田岬《さたみさき》あたりまで生息していたとしても、帝釈峡からは二〇〇キロ以上も離れている。これらの貝類を帝釈縄文人が直接採取に行くことは困難である。沿海部の人びとを中継して帝釈峡地域にもち込まれたものとみるべきであろう。

貝類の採取と密接に関連するとみられる遺物に骨角器がある。シカ・イノシシ骨を利用したものが多いが、観音堂からは縄文時代早期以降、漁撈用の刺突具として使用されたとみられる製品や、網縫《あみぬい》用とみられる骨針・釣針などが出土している（図44）。河川を利用した刺突漁・網漁・釣り漁などがおこなわれたことを示す。刺突具のなかに長さ七〜八センチ・幅四〜七ミリのエイの尾棘を利用したものがある。海産貝類と同様に沿海部との交易を裏付ける資料である。

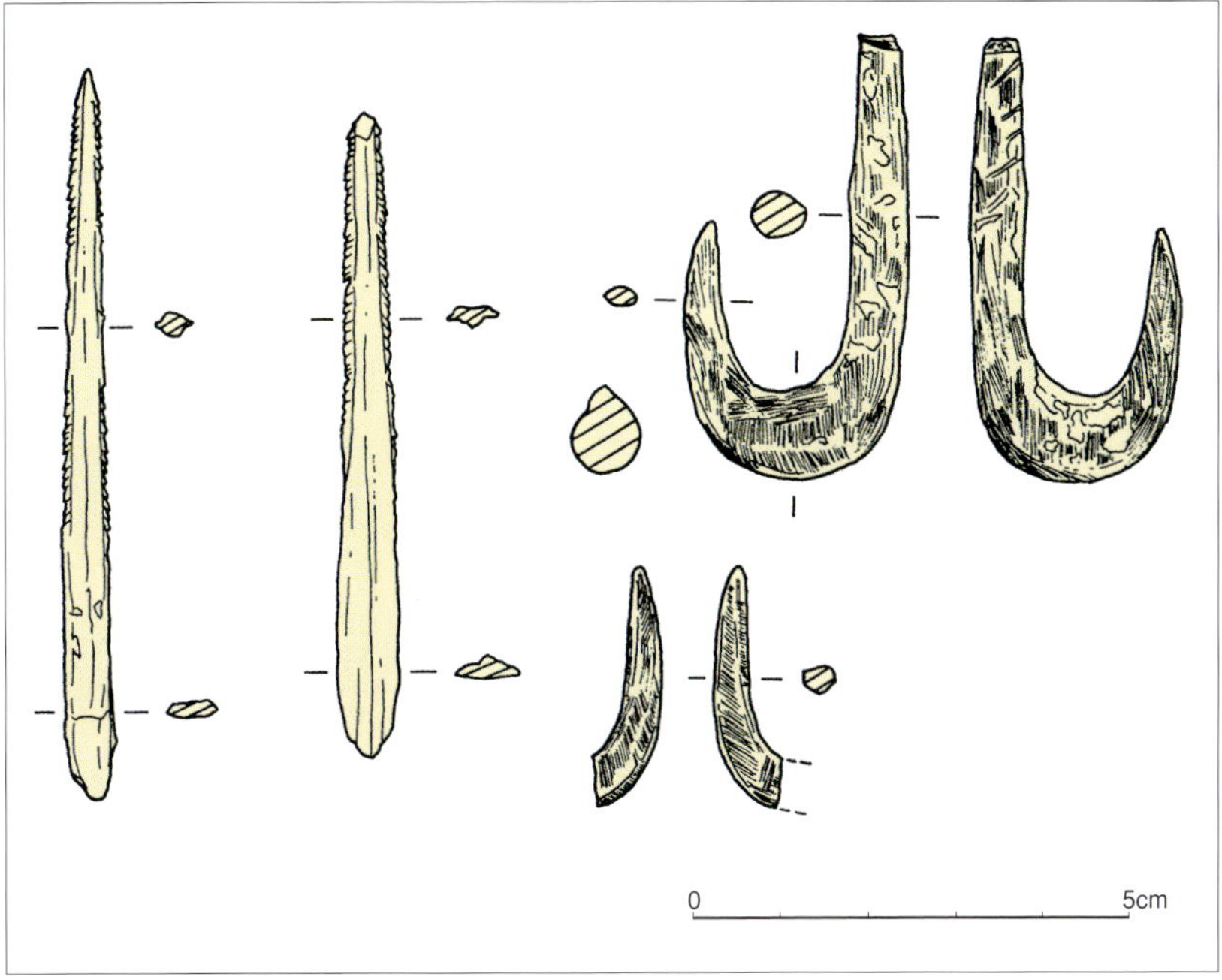


図44●エイの尾棘製刺突具と鹿角製釣針（観音堂遺跡）
魚骨や鹿角を利用して、漁撈具をつくった。

## サヌカイトと黒曜石

遠隔地交易を示すもう一つの遺物に、石器製作の材料となる石材がある。縄文時代の石器の材料は、ほとんどの場合、サヌカイトと黒曜石の二つの石材が使われている。なかでもサヌカイトが主に使用されている。香川県金山《かなやま》産出のものが中心で、ついで香川県五色台《ごしきだい》産出のものがあり、それに広島県西端の冠山《かんむりやま》産のものが少量含まれる。また黒曜石は島根県隠岐島の久見《くみ》産出のものが中心である（図45）。

遺跡から黒曜石製の石器が出土することは非常に少なく全体の五パーセント前後であるが、帝釈峡の戸宇牛川遺跡では縄文早期中葉の時期には全出土石器のなかで黒曜石の占める割合は二〇パーセント、早期末から前期で四〇パーセント、後期で二〇パーセントとなっており黒曜石の占める比

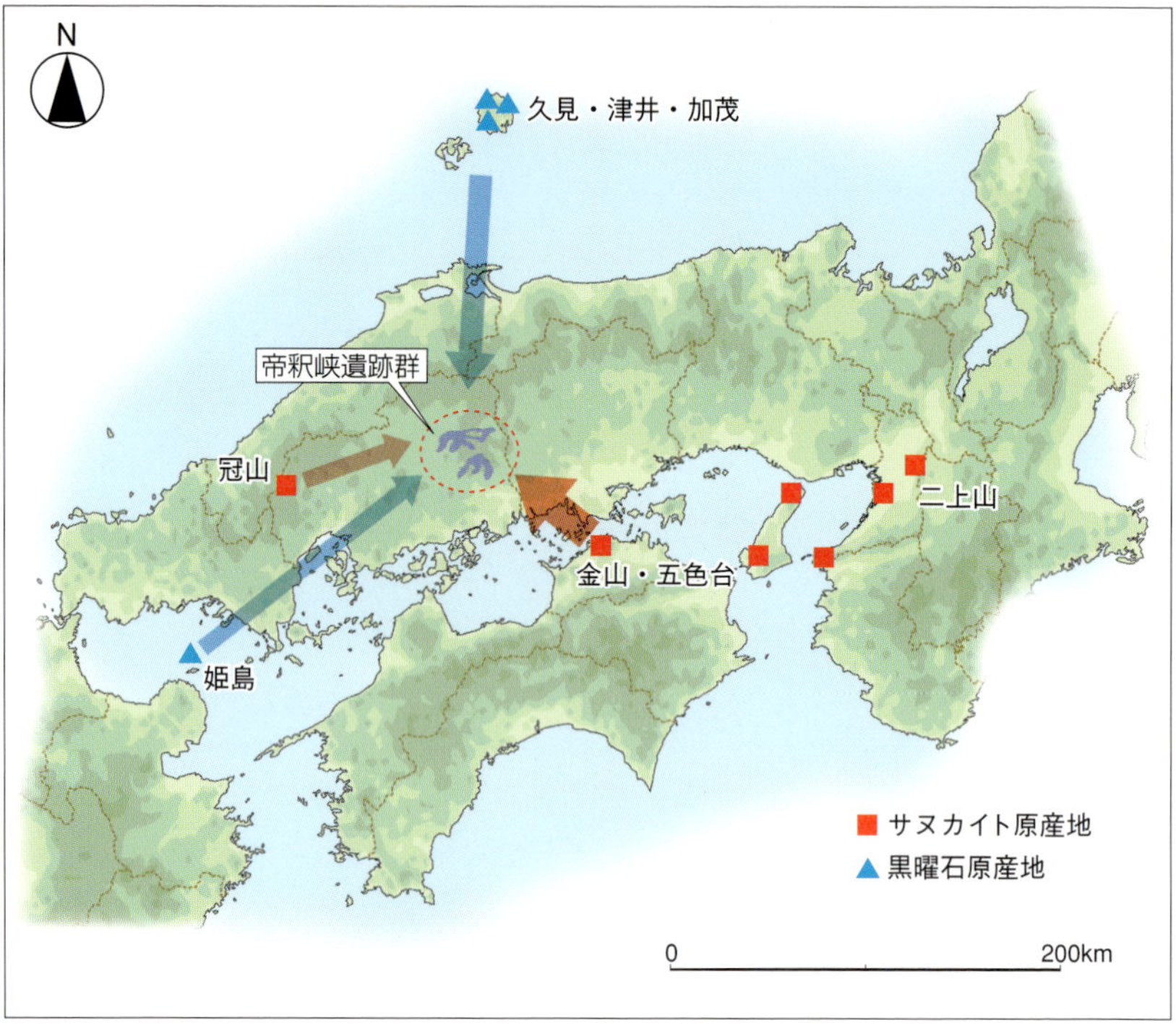


図 45 ●石器石材の産地と供給関係図
100km 以上離れた産地から石器石材が運び込まれている。

率が非常に高い。遺跡群のなかで黒曜石交易の中継地的な位置を示していたのかもしれない。なお観音堂・弘法滝・名越などで長さ二〇センチ前後のサヌカイト製の板状原石が出土している（図46）。原産地からもち込まれるときの原石の大きさを示している。いずれにしてもサヌカイトと黒曜石の産地は帝釈峡から直線距離で一二〇～一五〇キロの隔たりがあり、海産貝類と同じように遠隔地交易があったことを示している。

　遠隔地交易の方法や交易品などについては、なお今後の研究の進展を待たねばならないが、遺跡出土の遺物のなかに、海産貝類や石器石材などのほか瀬戸内に中心をもつ押型文土器や条痕文・刺突文土器・磨消《すりけし》縄文土器、東海から日本海沿海部地域を中心に分布する繊維土器などがある。これらは沿海部地域から帝釈峡地域へ交易品とし

図46 ● サヌカイトの板状石材（観音堂遺跡）
長さ10～20cm大の板状の石材がもち込まれたようである。

てもち込まれたものと推定される。

一方、搬入品と引き換えに帝釈峡から沿海部へ搬出した品物も当然存在したはずである。山地帯で捕獲しやすかったと思われる動物の干し肉・皮・骨角品、およびその材料の骨・角・牙などや木の実などの植物質食料などが想定される。こうした帝釈峡地域からの南北方向の交易ルートだけでなく、瀬戸内地域と日本海沿海地域、東中国山地と西中国山地を結ぶ交易の中継地的な役割も果たしていたと想定される（図47）。

帝釈峡遺跡群の人びとは、山間地域で自給的、閉塞的な生活を維持していたわけではなかった。周囲の環境や自然の恵みに左右されることの多かった生活であったが、他地域との交易・交流をおこないつつ、周囲の自然環境に適応しながら動物・植物などと共生共存した生活を営んでいたのである。

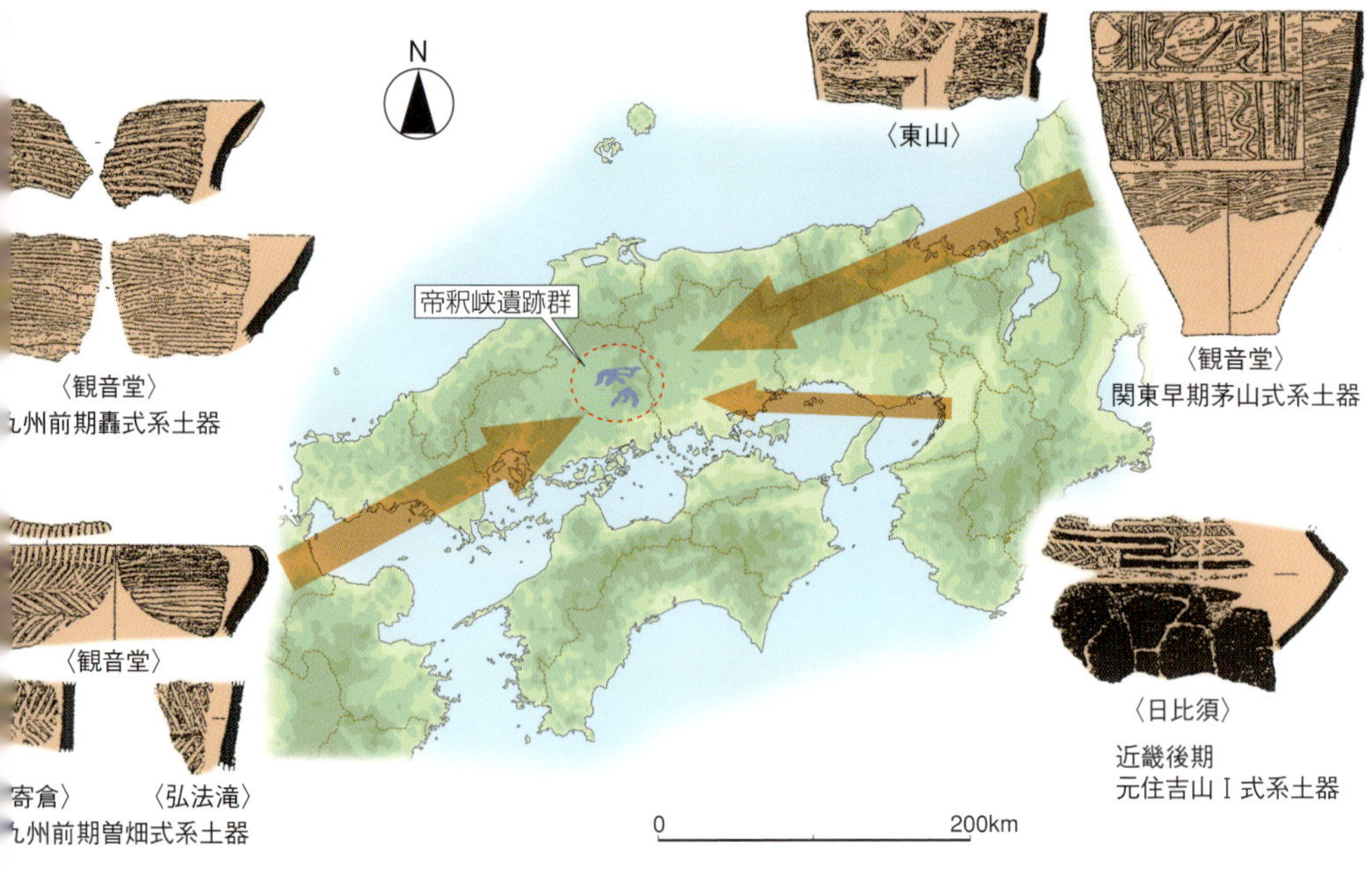


図 47 ● 帝釈地域に影響した他地域の土器文化
瀬戸内海沿海部のほか、東日本地域や九州地方からも土器文化が伝わった。

# 第5章　中国山地の縄文文化

## 1　中国山地の縄文遺跡

中国山地帯での帝釈峡遺跡群の発見は、文化的に進んでいるとされた沿海部の文化に対して、山間地域の文化は遅れているとか、停滞しているとされる従来の文化観の見直しをうながした。中国山地帯にも古くからすぐれた文化が形成され継承されてきたことを明らかにしたのである。帝釈峡遺跡群の発見以降、中国山地帯の各地で、縄文時代あるいはそれ以前の先土器時代遺跡が数多く分布することがわかってきた。

**東中国山地**

岡山県の吉井川《よしい》・旭川《あさひ》・高梁川の上流域一帯の調査の進展により、縄文時代はじめごろの遺跡が数多く分布することが確認されている。吉井川上流域の苫田郡《とまた》鏡野町の竹田遺跡では、縄文早期後半の押型文土器文化期の竪穴住居跡が検出されている。住居跡は平面が楕円形で、杭穴列が二重にめぐっている。住居のなかで火を焚いた痕跡はなく、炉などは屋外に設けられていたものと推定される。土器は約一〇〇〇点出土している。大半は早期の押型文土器で、器表面に粗大楕円文の施されたものである。早期の住居跡がまとまって発見されたことは、山間部での定住生活を示すものとして重要な資料である。

高梁川上流域の野原《のばら》高原早風A地点遺跡では、縄文早期から前期の土器とともに、土坑七基が検出されている。また、同B地点遺跡では繊維土器が、新見市の青地遺跡でも器表面を短沈線文や刺突文を施した前期初頭の土器が出土するなど、関東から東海地方および九州地方の文化の影響と推定される土器がかなりの量出土している。帝釈峡遺跡群と同様、縄文時代のはじめから人びとの生活がはじまっていたことを証明している。

図48●本文でとりあげている中国山地のおもな縄文遺跡

## 西中国山地

西中国山地の広島・島根・山口県の境界に位置する冠山山地の北西部の島根県那賀《なか》郡匹見《ひきみ》町（現益田市）一帯でも、縄文時代遺跡の発見が相次いでいる。高津《たかつ》川支流の紙祖《しそ》川流域の河岸段丘上に分布する石《いし》ヶ《が》坪《つぼ》遺跡では、縄文中期と後期の住居跡とともに、土器、打製・磨製石斧、石錘・磨石・石皿・スクレーパー・台形石器などが出土している。中期の土器のなかには胎土に滑石を混入した九州系の並木《なみき》式・阿高《あだか》式とよばれるものが相当量含まれている（図49）。また、後期の土器では、瀬戸内系の中津《なかつ》式土器が多数を占めているが、九州系の鐘崎《かねざき》式土器などが相当量含まれていることは注目される。

石ヶ坪遺跡より少し下流の水田ノ上《みずたのうえ》遺跡では、縄文後・晩期の配石遺構や土坑とともに、土器・土版・土偶、打製石器・石錘・石製勾玉・硬玉製管玉・碧玉製小玉・滑石製小玉など特異な遺物が出土している。配石遺構は、東日本の環状列石状の遺構

図49 ● **石ヶ坪遺跡出土の中期土器**
九州からの搬入土器で、粘土のなかに滑石が含まれている。

に類似している。遺物で注目されるものは、石製勾玉や硬玉製管玉・碧玉製小玉・滑石製小玉などの装身具類と、土版・土偶などの呪術品および打製石器類で、遺跡が縄文人の墓地と祭りの場であったことを想定させる。関東から東海地方および九州地方との交流によってもたらされた文化といえる。縄文後・晩期の生活や文化が複合化し、集団内での決め事が強化されてきたことを示すものであろう。

石ヶ坪出土の縄文中期の九州系の並木式・阿高式土器や台形石器、また水田ノ上出土の環状列石状の配石遺構や装身具・呪術品類などは、中国山地帯では特異な遺物であり、瀬戸内沿海や日本海沿海ではみつかっていない。中国山地脊梁地帯を東西につなぐ文化の伝播ルートが存在したと考えることができる。

広島県北西端の冠山周辺にも、縄文時代遺跡が分布する。先土器時代の石器石材原産地遺跡として知られている冠遺跡群からは、縄文前期初頭の九州系の轟式土器や瀬戸内系羽島下層式土器などが出土している、また、広島県廿日市市専念寺《せんねんじ》遺跡や安芸太田町の上殿《かみどの》遺跡などでは、縄文早期の近畿・瀬戸内系の土器、九州系の石器などが出土している。中国山地を東西・南北に連なる文化の伝播ルートが存在したことを示している。

### 三瓶山東麓

島根県大田《おおだ》市の南東に位置する三瓶山《さんべさん》の東麓部を、南から北へ流れて日本海に注ぐ神戸《かんど》川流域にも多くの縄文遺跡が存在する。この地域一帯では、三瓶山を噴出源とする火山灰層が堆積しており、縄文時代の遺構・遺物の絶対年代を特定することができる。

主要な遺跡の一つである板屋《いたや》Ⅲ遺跡の土層は、下層から三瓶《さんべ》浮布《うきぬの》降下火山灰・第4黒色土・第3ハイカ（三瓶《さんべ》切割《きりわり》降下火山灰）・第3黒色土・第2ハイカ（三瓶《さんべ》角井《つのい》降下火山灰）・第2黒色土・第1ハイカ（三瓶《さんべ》志津見《しつみ》降下火山灰・太平山《おおひらやま》火砕流・太平山降下火山灰）・第1黒色土の順に堆積している。縄文時代の遺物を含む黒色土は、火山噴出物によって四区分されている。第3ハイカの噴出年代は、放射性炭素測定では、約九〇〇〇～一万年前と推定されている。縄文前期の住居跡に隣接する地床炉からは、トチ・クルミなどの堅果類が出土している。

第2ハイカの噴出年代は、約四七〇〇年～四八〇〇年前と推定され、第1ハイカの噴出年代は、三五〇〇年～三七〇〇年前ごろと推定されている。この第1黒色土で検出された遺構には住居跡・地床炉・集石炉・落とし穴・土坑・旧河道などがある。浅鉢

図50 ● **五明田遺跡検出の縄文後期住居跡と土坑**
円形の竪穴住居と貯蔵穴とみられる土坑が検出された。

**図 51 ● 丹塗りの施された後期土器**（瀬戸内からの搬入土器）
表面に丹塗りのある深鉢・浅鉢土器が多数みつかっている。

形土器からシコクビエのプラントオパールが検出されたほか、突帯文土器には稲籾の圧痕を残すものが存在した。縄文晩期の穀物栽培の可能性を示す資料となっている。

板屋Ⅲ遺跡の第3黒色土から第1黒色土までの三枚の遺物包含層からは、縄文早期初頭から晩期後半までの多量の土器が出土している。瀬戸内系の土器が中心だが、東は近畿から北陸・東海さらに関東にまでおよぶ東日本系の土器と西は九州から朝鮮半島系の土器まで含んでいる。

五明田《ごみょうだ》遺跡では、縄文中期後半の土坑、後期前半の竪穴住居跡・土坑などが検出されている（図50）。後期の円形の住居跡からは粗製土器や縁帯文土器、磨製・打製石斧、スクレーパー・打ち欠き石錘・石鏃・剥片などと、キビのプラントオパールが検出されている。貯蔵穴とみられる土坑は断面フラスコ形で、なかから中期後半の土器・土偶が出土している。縄文中期の船元式・里木Ⅱ式土器や後期の中津式・福田KⅡ式（図51）・津雲上層式土器など、近畿地方から瀬戸内系の土器とともに、松ノ木《まつのき》式とよばれる四国地方の中期後半の標式土器に類似する土器などが出土している。

**図52 ● 下山遺跡出土の屈折土偶**
腰を曲げ、膝を立てた形をなす土偶で、東北地方からもち込まれたものであろう。

下山《しもやま》遺跡では、第2黒色土層から縄文中期後半の集石土坑、また第1黒色土層からは後期中ごろの立石土坑が検出されている。立石土坑からは、長さ八〇センチ前後の柱状の石が横倒しの状態で検出され、なかから男根状に加工した石棒《せきぼう》状石器が出土している。石棒祭祀とも関係した縄文後期中ごろの墓と推定される。

遺物のなかで注目されるものは、第1黒色土層の集石遺構周辺出土の腰を折り曲げ、膝を立てて座った状態を表現した縄文後期後半の土偶である（図52）。西日本には例がなく、東北地方で製作されたものがもち込まれたものと推定される。このほか、貝谷《かいたに》遺跡では第2ハイカ層上面から縄文後期前半の中津式土器や彦崎KⅡ式など、瀬戸内系の土器とともに関東地方の縄文後期の堀《ほり》の内《うち》式系の土器が出土している。また、万《まん》場《ば》Ⅱ遺跡では表面に凹線文をめぐらせ、口縁部と胴部の四カ所に巻貝を扇形に押圧した近畿地方の宮滝《みやたき》式土器が出土している（図53）。

以上のように、三瓶山東麓一帯でも縄文時代全般に

**図53●万場Ⅱ遺跡出土の縄文後期末の土器**（宮滝式土器）
口縁部と胴部に巻貝を扇形に押圧した文様がつけられている。

わたる遺跡が分布し、多種多様な遺物が出土することがわかってきた。この地域での縄文時代の生活は、狩猟・漁撈・植物採取を中心とする山地型の採集生活であったと考えられるが、板屋Ⅲ遺跡や下山遺跡、五明田遺跡などでのイネ・キビ・ヒエ・ハトムギ・シコクビエ、モロコシ・キビなどのプラントオパールの検出は、狩猟・漁撈・植物採取を中心とする生活に加えて、植物栽培も試みていた複合的な生業活動が営まれていた可能性を示している。さらに集石土坑や立石土坑および他の地域に分布の中心をもつ土器や石器石材・土偶・石棒などの出土は、東日本や近畿地方ならびに中・四国地方では隠岐島や香川・高知さらには九州地域や朝鮮半島をも含む広範な地域との密接な文化交流がおこなわれていたことを示すものであろう。

## 2　ひろい交流と山地型の生業

### 縄文人と周囲の環境との共生

中国地方の地形は、大きくは瀬戸内海沿海部と日本海沿海部および中国山地帯の三地域に区分される。この区分は地形に限らず気候や風土などについてもあてはまる。中国地方における生活や文化の成立と推移にも、こうした環境が大きく影響していることは言を待たない。

人間の生活と周囲の環境とのかかわりを考えると、多くの場合、周囲の自然環境が人びとの生活を規制してきたと考えがちである。とくに自然環境に左右されていたと考えられてきた縄文時代の生活・文化は、自然の環境の変化に敏感に反応せざるをえなかったと考えられていた。

しかし、縄文時代の生活は、周囲の環境に左右されるのではなく、人びとが積極的に周囲の環境に働きかけ、人間と自然が共存していたと考えるのが妥当であることがわかってきた。

帝釈峡遺跡群の生業でも推測できるように、狩猟活動では対象動物の生態的な特徴、年齢や群構成などをある程度判断した後に行動していたと考えられるし、貝の採取にあたっては、生息年数や地域、採取の時期などにある程度の決り事が存在したと推定される。また、東中国山地の岡山県姫笹原《ひめささはら》遺跡での縄文中期前半のイネプラントオパールの検出や、中国山地北麓の島根県板屋Ⅲ遺跡や下山遺跡・五明田遺跡などでの縄文早・前期や後・晩期のイネ・キビ・ヒエなどのプラントオパールの検出など、採集中心の縄文人の生活に、さらにもう一つ植物栽培という生業活動が加わっていた可能性が高いことを示している。

さて、中国山地帯は標高五〇〇～一〇〇〇メートルの高原面と中国山地脊梁部から構成される。従来、中国山地帯の縄文遺跡について紹介されることはほとんどなかった。それは山深い地域に位置し、調査研究の対象にされることがなかったことにもよった。こうした状況のなか、一九六一年の帝釈馬渡岩陰遺跡の発見を機に調査研究が継続されるようになると、中国山地帯には数多くの縄文時代遺跡が分布することがわかってきた。そしてまた、縄文時代のはじまりとともに他の地域との密接な文化交流を維持しながら、山地における特徴的な生活や歴史・文化をつくり上げてきたことが明らかにされたのである。そこには従来のような沿海部地域が優れた文化を形成し、内陸部は遅れている、もしくは停滞した文化であったとされてきたことに対して再検討をうながした。

## 縄文時代観の見直し

日本列島の縄文時代文化について、北と南の青森県の三内丸山《さんないまるやま》遺跡や鹿児島県の上野原《うえのはら》遺跡では、縄文時代集落のほぼ全域の調査により、多種多様な遺構と遺物が検出された。列島内の縄文時代文化について従来の時代観では理解できないような新しい知見をもたらし、根本的な見直しをうながしたのである。

藤本強は、考古学の立場からみた日本文化の特質を、北海道を中心とする北の文化と列島南端の南島を中心とする南の文化、さらに本州島を中心とする中の文化に区分して、その特徴を論じている。文化論の多くが弥生時代以降の本州中央の、中の文化を中心に論じられてきたことに対して、列島の基層文化としての縄文文化の解明には、北と南の文化の解明が不可欠であることを指摘している。

歴史学の立場からは、網野善彦が日本列島を東と西の区域に区分し、東と西の裂け目、いわゆる境目の地域の生活、文化を追究し、地域の特質を明らかにすることにより、日本文化の特質を明確にしようとした。

また民俗学の立場からは、赤坂憲雄が藤本が指摘した北の文化に相当する「北のボカシ地帯」と中の文化にあたる「中のボカシ地帯」、そして南の文化に相当する「南のボカシ地帯」とよび、こうした「ボカシ地帯」の生活文化を探究することが日本の文化を明らかにするうえで重要であると主張している。

こうしたそれぞれの地域や文化が接触する地域、すなわち「境目の地域」とか「ボカシの地域」あるいは「峠の地域」とか「周辺・辺境の地域」といった地域の文化は、複合的で混沌としたぼやけた生活や文化を形成していたと考えられがちであるが、生活や文化の接触地帯であることから、他の地域から新しく伝わった文化に席巻されることなく、列島の基層文化を形づくった古い文化や生活習慣などが残存しやすい地域であると想定できる。こうした観点から、中国山地の縄文文化を考えてみると、沿海部の瀬戸内文化圏と日本海文化圏の「境目」とか「峠」「ボカシ」「周辺・辺境」の地域にあたっている。

中国山地帯の縄文文化は縄文時代のはじめから、関東・東海地方の文化や近畿・瀬戸内文化さらには九州地方から朝鮮半島の文化と深い係わりをもちながら、地域的な特徴をもった文化として形成されてきたことは本文で論じたとおりである。そこには他の地域の文化を受容するだけの受動の文化ではなく、人びとが積極的に周囲の環境に働きかけ人間と自然が調和、適応した能動的な山地型の固有の文化を形成していたと推定できる。中国山地の縄文文化の特徴もまさにこの点にあろう。

## 3 帝釈峡遺跡群の今後

一九六二年の馬渡遺跡の第一次調査に始まる帝釈峡遺跡群の発掘は、現在まで四〇年間以上にわたって継続実施されてきた。一つの遺跡群でこれだけ長期にわたって調査研究が継続されている例は、わが国においてほかに例はない。調査が継続できたことは、広島大学を中心としながらも全国各地の大学・研究所の研究者・学生をはじめ地元の小・中学や高校の教員、広島県東城高校の自然科学クラブの学生、教育委員会、地域の住民など多くの方々から物心両面にわたる支援と協力を受けたからにほかならない。

この四〇年の間に一三カ所の遺跡の調査を手がけてきた。この数は現在確認している遺跡の三分の一にあたる。調査によって収集された資料は膨大な量にのぼり、その整理と分析をおこない成果を公表するまでには、今後さらに長い期間が必要である。また未解決の問題解明のためには、別の遺跡の調査も必要になってくるが、そうなるとさらに長年月を要することになる。いままでの調査の方法や資料の整理分析方法などをいま一度見直し、今後の調査研究の年次的・体系的な計画を立案することが要求される。

以上述べたように帝釈峡遺跡群は、先土器時代から縄文時代にかけての文化や環境の変遷が層位的に

図54 ● 考古学実習・教育のフィールド
毎年の調査には全国各地の大学から研究者・学生らが参加する。

把握でき、考古学と歴史学・民俗学・古生物学・人類学・地質学など関連分野と共同した学際的な研究が可能であることに遺跡群の最大の特徴がある。

また帝釈峡遺跡群は研究者の研究フィールドとして最適であるばかりでなく、学生の教育・実習の場としても最高の環境にある（図54・55）。これまで広島大学の学生ばかりでなく全国の多くの大学の学生に参加の機会を提供し教育・実習や研究の支援をおこなってきた。遺跡の調査方法や資料の整理分析法を実体験することで、考古学や関連分野の基礎的な知識と分析能力を培ってきたともいえるのである。卒業後、専門職業人として社会で活躍している者も多い。

帝釈峡遺跡群の調査研究のもう一つの特徴は、大学と地域社会が密接に連携した研究である点である。地域に根ざした大学として調査成果を、できるだけ早く地域社会に公表することが大切である。毎年の『帝釈峡遺跡群発掘調査室年報』や調査速報の「い

**図55 ●地元の小学生の発掘体験**
水洗作業をする小学生たち。

わかげ」によって調査研究の一端を公開し、公開シンポジウムによって遺跡群の内容をわかりやすく紹介していることなどはそうした活動のひとつである。

またこれまでの調査によって得られた膨大な資料の一部は、二〇〇三年一〇月に新設された庄原市帝釈峡博物展示施設「時悠館」で広く公開・展示されている。大学が調査研究をおこない、地域社会が調査資料の公開・展示を分担するといった連携がみられることも特徴である。

## あとがき

帝釈峡遺跡群の調査開始期に学生として参加し、その後一九七五年から五年間は大学の帝釈峡遺跡群調査担当教官として調査の遂行と調査室の整備に関わってきたことは、筆者が考古学の道に進み、なんとか大学生活を最後まで全うすることができた大きな要因であった。二〇〇三年の博物展示施設の時悠館の開館にあたっては、展示検討委員会の委員長として資料の公開・展示に関係したことも、帝釈峡遺跡群と切っても切れない関係があったからと思っている。そしてこのたび戸沢充則先生から本書の執筆をすすめられたことも帝釈峡との因縁を感じざるをえない。記して感謝の意を表したい。本書の作成にあたっては、多くの方々から資料や写真の提供を受けた。芳名を記して謝意を表したい。

広島大学大学院文学研究科帝釈峡遺跡群発掘調査室、広島大学大学院文学研究科考古学研究室、庄原市帝釈峡博物展示施設時悠館、（故）潮見　浩、（故）川越哲志、古瀬清秀、中越利夫、竹廣文明、山崎順子、鳥谷芳雄、渡辺友千代、大麻ゆかり

# 参考文献


赤坂憲雄　二〇〇〇『東西／南北』岩波新書
網野善彦　二〇〇〇『日本の歴史』講談社
角田徳幸　二〇〇四「三瓶火山の噴出物と縄文時代遺跡」『島根考古学会誌』第二〇・二一集　島根考古学会
川越哲志編　二〇〇四『西日本の石灰岩地帯における環境適応』平成一一～一四年度科学研究費補助金基盤研究（A）（二）研究成果報告書
河瀬正利　一九七七「中国山地帝釈峡遺跡群における縄文早期文化の二、三の問題」慶祝松崎寿和先生六十三歳論文集
河瀬正利　一九八〇「中国山地の縄文文化―帝釈峡遺跡群を中心に―」『松江考古』第三号　松江考古学談話会
河瀬正利　一九八八「帝釈峡遺跡群の埋葬」『日本民族・文化の生成』永井昌文教授退官記念論文集
松崎寿和編　一九七六『帝釈峡遺跡群』亜紀書房
潮見　浩編　一九八五『探訪縄文の遺跡（西日本編）』有斐閣選書
潮見　浩　一九九九『帝釈峡遺跡群』吉備人出版
潮見　浩・間壁忠彦　一九六五「山陰・中国山地」『日本の考古学』Ⅱ　鎌木義昌編　河出書房
島根県飯石郡頓原町　二〇〇四『頓原町誌』歴史
島根県飯石郡頓原町教育委員会　一九九一『五明田遺跡』
島根県飯石郡頓原町教育委員会　一九九二『五明田遺跡発掘調査報告書』
島根県教育委員会　一九九八『板屋Ⅲ遺跡―志津見ダム建設予定地内埋蔵文化財発掘調査報告書』五
島根県教育委員会　二〇〇二『下山遺跡―志津見ダム建設予定地内埋蔵文化財発掘調査報告書』一二
島根県教育委員会　二〇〇二『貝谷遺跡―志津見ダム建設予定地内埋蔵文化財発掘調査報告書』一六
竹広文明　二〇〇三『サヌカイトと先史社会』溪水社
春成秀爾　一九八〇「縄文合葬論―縄文後・晩期の出自規定―」『信濃』第三四巻　第四号
広島県比婆郡東城町　一九九九『東城町史』通史編
広島大学大学院文学研究科帝釈峡遺跡群発掘調査室　一九七八～二〇〇五『広島大学文学部帝釈峡遺跡群発掘調査室年報』Ⅰ～XIX
広島大学大学院文学研究科帝釈峡遺跡群発掘調査室　二〇〇二『帝釈峡遺跡群―調査と研究四〇年―』
平井　勝　一九八七「縄文時代」『岡山県の考古学』吉川弘文館
藤本　強　一九九八『もう二つの日本文化』東京大学出版会

まほろばの里
# 庄原市帝釈峡博物展示施設　時悠館

・庄原市東城町帝釈未渡1909
・電話　08477（6）0161
・開館時間　9：30〜16：00
・休館日　毎週水曜日（祝日の場合は翌日）、年末年始
・入館料　高校生以上400円、小・中学生200円
・交通　JR芸備線・東城駅よりタクシーで15分、中国道東城インターより車で15分
・帝釈峡遺跡群出土遺物を中心に、東城町内の遺跡出土品を展示。このほか帝釈峡の動・植物資料や民俗資料も展示。春・秋には帝釈峡の自然や歴史・文化にかかわる企画展を開催するほか体験教室や公開講座を開催。

時悠館近景

時悠館展示室

広島大学大学院文学研究科
# 帝釈峡遺跡群発掘調査室

・庄原市東城町帝釈未渡野田原
・電話　08477（6）0101
・開室時期　毎年夏の発掘調査時期（8月〜9月）
・JR東城駅よりタクシーで15分、中国道東城インターより車で15分
・展示公開施設ではないが、希望者に発掘資料・整理作業等を公開、解説。

# 神石高原町歴史民俗資料館

・神石高原町永野
・電話　0847（86）0151
・開館時間　9：00〜17：00
・休館日　毎週月曜日（祝日の場合は翌日）、12月1日〜3月19日
・入館料　大人250円、学生200円、小・中校生100円
・JR東城駅よりタクシーで10分、中国道東城インターより車で10分
・帝釈観音堂洞窟遺跡出土遺物を中心に、帝釈峡の動物標本・民俗資料を展示。

# 刊行にあたって

「遺跡には感動がある」。これが本企画のキーワードです。

あらためていうまでもなく、専門の研究者にとっては遺跡の発掘こそ考古学の基礎をなす基本的な手段です。また、はじめて考古学を学ぶ若い学生や一般の人びとにとって「遺跡は教室」です。

日本考古学では、もうかなり長期間にわたって、発掘・発見ブームが続いています。そして、毎年厖大な数の発掘調査報告書が、主として開発のための事前発掘を担当する埋蔵文化財行政機関や地方自治体などによって刊行されています。そこには専門研究者でさえ完全には把握できないほどの情報や記録が満ちあふれています。しかし、その遺跡の発掘によってどんな学問的成果が得られたのか、その遺跡やそこから出た文化財が古い時代の歴史を知るためにいかなる意義をもつのかなどといった点を、莫大な記述・記録の中から読みとることははなはだ困難です。ましてや、考古学に関心をもつ一般の社会人にとっては、刊行部数が少なく、数があっても高価なその報告書を手にすることすら、ほとんど困難といってよい状況です。

いま日本考古学は過多ともいえる資料と情報量の中で、考古学とはどんな学問か、また遺跡の発掘から何を求め、何を明らかにすべきかといった「哲学」と「指針」が必要な時期にいたっていると認識します。

本企画は「遺跡には感動がある」をキーワードとして、発掘の原点から考古学の本質を問い続ける試みとして、日本考古学が存続する限り、永く継続すべき企画と決意しています。いまや、考古学にすべての人びとの感動を引きつけることが、日本考古学の存立基盤を固めるために、欠かせない努力目標の一つです。必ずや研究者のみならず、多くの市民の共感をいただけるものと信じて疑いません。

監　修　戸沢　充則

編集委員　石川日出志　小野　正敏

勅使河原彰　佐々木憲一

著者紹介

河瀬正利（かわせ・まさとし）

1941年生まれ。広島大学教育学部卒業。
広島大学名誉教授。文学博士
著作『帝釈峡遺跡群』（共著、亜紀書房）、「中国・四国地方」（『縄文土器大成』第1巻　早・前期　講談社）、「帝釈峡遺跡群の埋葬」（『日本民族・文化の生成』六興出版）、『吉備の縄文貝塚』（吉備考古ライブラリィ14、吉備人出版）ほか


図の出典
図2・3・4・7・9・12・13・14・15・19・21・22・23・25・27・32・33・35・36・37・38・39・40・42・43・46・54・55　広島大学大学院文学研究科帝釈峡遺跡群発掘調査室
図5・28・29・31　明治大学博物館
図6・11・45・47　広島大学大学院文学研究科帝釈峡遺跡群発掘調査室　2002『帝釈峡遺跡群—調査と研究40年—』
図8・10・20・30　松崎寿和編　1976『帝釈峡遺跡群』亜紀書房
図17・26　潮見　浩　1999『帝釈峡遺跡群』吉備人出版
図49　益田市教育委員会
図50・51・53　飯南町教育委員会
図52　島根県教育庁埋蔵文化財調査センター
図16・24　川越哲志編　2004『西日本の石灰岩地帯における環境適応』
図18・34・41・44　広島大学大学院文学研究科帝釈峡遺跡群発掘調査室　1978～2005『広島大学文学部帝釈峡遺跡群発掘調査室年報』Ⅰ～XIX
上記以外　著者


シリーズ「遺跡を学ぶ」036
中国山地の縄文文化・帝釈峡《たいしゃくきょう》遺跡群

2007年 4月15日　第1版第1刷発行

著　者＝河瀬正利
発行者＝株式会社 新 泉 社
東京都文京区本郷2-5-12
振替・00170-4-160936番　TEL03(3815)1662／FAX03(3815)1422
印刷／萩原印刷　製本／榎本製本

ISBN978-4-7877-0736-9　C1021